あなたが年収1000万円稼げない理由。

給料氷河期を勝ち残るキャリア・デザイ

田中和彦

GS
幻冬舎新書
020

はじめに

かつて「3高」という言葉が流行語になったことがある。ひと昔前に女性が結婚相手に求める条件として表現された言葉で、「高学歴、高身長、高収入」のことを指し、具体的には、「有名大学卒で、身長170センチ以上、年収は1000万円以上」というのが一般的なその内容らしい。

また、「年収が大台に乗った」という表現がある。社長などが、昇進した新任部長に対して、期待を込めて「キミもいよいよ年収が大台に乗ったんだから、頑張ってくれよ」なんていうふうに使ったり、夫が妻に、「来年から年収が大台に乗るから、自動車を買い替えようか?」などと胸を張ったり。この場合の大台というのが、やはり年収1000万円のことだったりする。

求人情報誌を読むと、編集記事や求人広告の中にも、「年収1000万円を手に入れるための転職」だとか、「年収1000万円も夢じゃない！」などというコピーが、誌面を賑《にぎ》わせていることがある。

つまり、「年収1000万円」というのは、多くの働き手にとって、そして社会通念上も、ひとつの目標や指標になっているのである。

サラリーマンがよく読むような週刊誌で、「業界別年収1000万円の平均年齢」という特集記事が組まれることがある。業界別や企業別にどのくらいの年齢になったら、年収が1000万円を超えるかが、一覧になっている企画である。一般的に給与水準が高いと言われる金融、商社、マスコミなどでは30代で、メーカーや流通などでも管理職になると40代で手が届く感じだろうか。

ただ、これもあくまで平均的なケースであり、個々で早い遅いは当然あるはずだ。いや、むしろ年功序列、終身雇用という考え方が、日本の企業から徐々に消えつつある今、能力主義人事管理制度の導入により、同じ企業内でも個別のケースで年収格差は従来よりもかなり大きくなってきていると思われる。

現在、日本では平均年収が減少傾向にあるが、近い将来、日本もアメリカのように所得格差が広がり、年収1000万円以上の世帯と年収300万円程度の世帯に二極化すると言われている。詳しくは、序章28ページでも説明するが、これはまさに格差社会の到来であり、「給料氷河期」が始まったと言えるのである。終身雇用・年功序列の大手企業なら当たり前だった「誰でもいずれは年収1000万円」時代は、もはや終わったと言っていいかもしれない。

つまり、コツコツと長く勤めていればいつの日か年収が1000万円を超えるということもなくなったし、逆に高い業績をあげれば、20代で年収1000万円を獲得することも不可能ではない時代になってきているということだ。

もちろん、必ずしも給与だけが、働く者の目標でもなければ、幸せの絶対基準でもない。しかし、会社から提示された給与額は、まぎれもなく自分への評価そのものであるし、自分が何かを成し遂げた結果から算出されるものである。フリーで活動したり、起業して独立している人の場合なら、その額こそ、社会や世の中から評価された値段であると言い換えられる。

せっかくなら自分を正当に評価してもらいたいし、できることなら高く評価してもらいたいというのは、多くの働き手の正直な気持ちだろう。目指せるなら、若いうちから高い年収を視野に入れた働き方をしたいと考えるのは普通だし、実際にそれを稼げるような人材に自分を仕立て上げていきたいものである。

本書では、年収1000万円を稼ぐことのできる人材とはどういう人なのか。稼げる人と稼げない人とでは一体何が違うのか。年収1000万円を稼げるような人材になるためには何を意識して、どう行動しなくてはならないのか。……などを、より具体的なケースで解き明かしながら、稼げる人材になるためのキャリア作りというものを一緒に考えていきたいと思っている。

最初に断っておくが、この本はただ単に年収1000万円を稼ぐためのノウハウを紹介するものではないし、この本を読んだからといって、あなたの年収がすぐに1000

万円になるわけではない。

年収1000万円という、ある種のメルクマールを掲げ、それにかなうだけの能力やスキルを身につけた、希少かつ貴重な人材になるための「キャリア・デザインの方法を紹介する本」であることを、覚えておいてほしい。

あなたが年収1000万円稼げない理由。／目次

序章　「誰でもいずれは年収1000万円」時代が終わり、「給料氷河期」へ

年収も、価格と同じく〝需要と供給のバランス〟で決まる

年収の話をする前に、価格の話をしよう。改めて説明をするまでもないだろうが、「価格は需要と供給のバランスで決まる」という法則は、経済の基本である。これはそんな難しい話ではなく、世の中の仕組みの基本と言ってもいい。

売りたい人の集団と買いたい人の集団がいて、買いたい人より売りたい人が多ければ、価格は下がり、逆に売りたい人より買いたい人が多ければ、価格は上がる。それだけの単純な話である。

ガソリンが値上がりするのは、OPECが原油を売り渋るからであり、天候不順で、野菜がうまく栽培できなかったら、キャベツの値段が倍になったりする。逆に、前売り券が事前に大々的に出回った映画は、金券ショップなら500円くらいでチケットを手に入れることができるし、大量に製造されたクリスマスケーキは、25日に余ってしまうと投げ売り状態だ。株式市場も同様。かつてライブドアの株価が上がったのは、みんながみんな欲しがったからであり、逆に全員からソッポを向かれた瞬間に急落した。

で、年収の話だ。企業が人材に払う給与も、突き詰めていけば、この需要と供給のバランスの上に成り立っている。人手不足の時代は、企業も喉から手が出るほど人材が欲しいわけだから、給与水準は上がる。逆に人余りの時代は、辞めてもらってリストラしたいくらいなわけだから、給与水準は下がる。これも当たり前の一般論だ。

個別の人材のケースもまったく同じである。誰でもできるような仕事に対して、その仕事を求めている人たちがたくさんいれば、仕事に就くのが競争になるので、当然のことながら給与は安くならざるを得ない。逆に、特殊な知識や技術を持っている人が限られた人数しかいなくて、それを求めている会社がたくさんあれば、今度は企業が競争するしかない。高い給与を設定して、人材の獲得合戦が始まるわけだ。

ベルトコンベアの上を流れてくる部品を組み立てる仕事を考えてみよう。1分間に2個の製品を組み立てる技術を持った人と、同じ1分間に4個の製品を組み立てる技術を持った人がいるとしよう。会社は、どちらを雇いたがるか？　言うまでもなく、1分間に4個の人材だ。理屈的には2倍の給与を払ってもいい計算になる。また、自動車販売会社で、クルマを年間に10台しか売ることのできない営業マンと、50台売ることのできる営業マンとではどうか？　この場合も、理論上は10台の営業マンを5人雇うより、50台の営業マン1人に5倍の給与を払ってでも、いてもらったほうが会社は得なのである。

こう考えていくと、給与が決まる仕組みというのは、意外にシンプルなのである。確かに、雇用という考え方には、個人の生活を守るという、企業の社会的な役割もあるから、それほどには単純に割り切れない部分も大きいのだが、この原理原則を押さえていかなければ、どうキャリアを築いて、この競争社会を勝ち抜くかという話はできない。

「需要と供給のバランス」の理屈はわかっていても、いざ自分のことになると、まるで見当違いな考え方をしている人たちが意外に多いので、この点は、しっかり覚えておいてほしい。

「給料以上に働いている」と会社に胸が張れるか

社員個人が会社に貢献した利益の額と比較して、会社が社員に払う給与額のほうが多ければ、それはバランスが悪いということになる。まともな利益も出していないのに、毎月きっちり給料だけはもらっている社員が、「給料ドロボー！」と言われても仕方ないのである。しかも、会社が社員を雇用するには、給料以外にも社会保険だとか家賃とか光熱費とか、いろいろと経費がかかっている。経営者の立場から考えると、雇っている人材の年収の1・5倍から2倍が実質的な経費として消えていくのだ。

そう考えると、自分の年収額を改めて眺めて、「給料以上に働いている」と言い切る自信のある人や「自分は会社に貸しを作っている」と胸を張れる人はどれくらいいるだろうか？　逆に「会社に借金だらけ」という人もいるのではないだろうか。以前、「複職時代」というコラムに、こんな記事を書いたことがある。ちょっと引用してみよう。

「会社に〝借金〟してる？」

（朝日新聞「複職時代」２００３年8月30日掲載）

機械メーカー資材部長のTさん（48歳）は、会社から参加するようにいわれた社外研修に行った。目的は「自己啓発のため」と聞かされていた。当日、受講者として、さまざまな企業から同世代の部長クラス20人が集まっていた。

最初のテーマは「自分を客観的に評価すること」。1年間の自分の業績を評価するのだが、これがけっこう難しかった。営業セクションなら、売り上げと利益の数字をベースに評価できる。でも、間接部門には数字にならない貢献度もあるからだ。

自己評価をすると、講師は次の課題に移った。会社が社員1人にかけるコストは、人件費以外の諸経費を含めると、給与の約1・5倍になる。その金額が自分に見合っているかどうか、社長になったつもりで考えろというのだ。

評価が金額を上回れば、会社に貸しをつくっているということになる。下回れば、借金があるということである。

「貸し組だと思う人は？」。1人だけ勢いよく手を挙げた。

「借り組は？」。今度は誰も手を挙げない。

「では貸し借りナシという方は？」。徐々に手が挙がり、周りを意識しながら、最後は、ほぼ全員が挙手していた。

研修の帰り、みんなで飲みに行った。酒が入るにつれ、しだいに本音が出てきた。

「正直言うと僕は間違いなく借り組ですよ」。すると、「おれも」「私も」と、借金宣言が始まった。Tさんも「自分は違う」と言い切る自信はなかった。

そんな雰囲気のなかで、貸し組に挙手した唯一の受講者も意外な本音を口にした。

「いや、会社の同僚がこの研修で正直に借り組に手を挙げたら、飛ばされちゃったもので」

研修の本当の目的は、リストラ候補者探しだったのかも……。Tさんは背筋がゾクッとした。


中高年社員の給与と働きぶりが見合っていないという議論は、今に始まったことではない。たとえば、中高年の転職で、人事担当者の「あなたは、具体的にどんな仕事ができますか？」という質問に対して、「はい、私は部長ならできます」と答えたというような笑い話があったが、中高年ほど、給与について自分に甘く考えていると言わざるを得ない。

転職したら、年収1000万円が300万円に……の悲劇

先日も、あるメーカーで年収1000万円を超えていた部長職の社員が、早期退職制

度で、割増の退職金をもらって退職し、その後再就職のための就職活動をしたのだが、その現実の厳しさを味わったというようなニュースが流れていた。実際にその人が次の会社で提示された年収は、なんと300万円。つまり、前の会社の3分の1以下まで給与が下がったのである。

それはなぜか？　彼らは、自分が勤めていた会社の中だけの基準しか持っていなかったからだ。つまり、市場価値（マーケットバリュー）という判断基準を持ち得ていなかったわけである。日本の中高年ビジネスマンの最大の不幸はそこにある。終身雇用という名のもとに、何十年も同じ組織の中で働かされ続け、自分の価値を知らないままの状態で仕事をしてきて、急にオープンな労働市場（マーケット）に放り出されても、自分がどう評価されるかなどわかりようがない。やはり、こうした不幸に陥らないためにも、働き手は、いつも自分の市場価値を認識しながら働くべきなのである。

日本人は、価格というものに非常に敏感だ。マンションや自家用車を買った人は、買った直後から中古車市場や不動産情報を頻繁に確認しては、「今売れば、いくらで買ってもらえる」とか言ったりする。そのくせ、働き手としての自分の価格にだけは鈍感なのが不思議でならない。もっとも、それを認識するのが怖いので、見て見ぬふりをして、目をつむっているのかもしれないが……。

年収1000万円とは時給5000円のことなり

年収1000万円というのは、サラリーマンにとってはひとつのマイルストーン（道標）のようなもので、よく週刊誌などで、業界別年収1000万円の年齢一覧みたいな記事が見受けられる。一般的にそのレベルに一番早く到達するのがマスコミ業界。とりわけテレビ局や大手広告代理店などだ。30歳を過ぎたくらいで、年収1000万円クラスがぞろぞろ出てくる。30代半ばくらいで到達するのが、都市銀行、総合商社など。メーカーや流通業界だと、40歳すぎの管理職になってしまう。

テレビ局で経理をやっている人と、メーカーで経理をやっている人の業務内容にどんな違いがあって、彼らの能力や知識にどれほどの差があるのかわからないが、年収だけを見ると、歴然とした差が出てくる。ある年齢だけを取り出して比較すると、場合によっては2倍近く違うこともあるから、冷静に考えると、同じ仕事をしながら非常に不公平な話である。

ところで、年収1000万円というのは、具体的には、どういう収入なのだろうか？もう少しわかりやすく考えてみよう。

サラリーマンの場合、年間の平均的な休日は100〜120日である。1年が365日だから、仮に休日を115日としたら、働く日数は250日。1000万円を250日で割ると、1日の給料は4万円である。1日8時間労働だとすると、時給は5000円。10時間労働だとしても、時給は4000円だ。

時給5000円の仕事は、アルバイトの求人情報誌を見ても、滅多にないはずである。年収1000万円を希望している人は、自分の時給が5000円の価値があるかどうかを考えてみるといい。年収が500万円の人は、時給2500円である。そんなふうに考えると、自分の企業の中での価値というものを考える手掛かりになるだろう。

営業職の人は、年間の個人の売上高を考えてみることだ。営業は数字がすべてである。自分がいくら売上げて、そのうち原価がいくらかを計算すると、粗利（売上総利益）が出てくる。そして、その額と年収を比較してみればよい。先にも述べた人件費以外の諸経費や売上げのない管理部門の負担分も考えると、やや荒っぽい計算だが、少なくとも年収の3倍くらいの粗利を出していないと、採算の合わない人材だとみなされてしまう。粗利が年収以下だったら、完全なお荷物社員ということだ。

一方、数字だけでは判断しにくい管理部門に目を向けるとどうだろう。事務職の場合は、営業ほどには業績などが数字という明確な指標で出にくいものだ。しかし、事務職でも、その人にどれくらいの価値があるかという判断は可能である。代替可能かどうかという点である。人事であれ、総務であれ、経理であれ、その分野で、ほかの人にはない知識と課題対応能力があれば、会社にとっては必要な人材と言えるだろう。法的な知識をもとにトラブルを穏便に解決したり、難しい契約などでも速やかに処理したりする法務担当なども、売上こそ上げないが、組織に欠かせない存在である。

海外との契約書を英文できちんとまとめられる法務担当、企業が株式公開するときに欠かせないIR担当、社会保険事務の知識に詳しい人事担当など、企業にとって代わりのきかない人材だったら、年収1000万円以上出しても惜しくないということもあるのだ。

年収1000万円組と300万円組に二極化される格差社会に

日本の社会では、長らく終身雇用という考え方が存在してきた。「終身雇用、年功序列、企業内労働組合」は、かつて〝三種の神器〟と呼ばれた。

なぜこれらの考え方がうまく機能してきたのかというと、戦後の日本企業は、欧米の企業のマネをして成長したからである。いわゆる「二番手戦略」というもので、新たな商品開発よりも、すでにある商品をいかに効率よく高品質で高均質に作り上げるかに力を注いできた。自動車しかり、トランジスタしかり、ICしかり、LSIしかりである。他国の技術をそっくりいただいて、本家よりも立派に製品化して商売をやってきた。言葉は悪いが、二番手でマネしたほうが儲かったのである。

そして、そういう戦略にふさわしい組織というのが、均質で没個性な人材の集まりだったのである。ルールをきちんと理解し、それを守り、ルーチンな業務を忍耐強く続け、会社のために忠誠心を持つ。そういう集団を日本企業は意識的に作ってきた。そしてその企業戦士と言われる人たちを支えてきたのが、〝三種の神器〟だったのである。

終身雇用というのは、「社員の一生を丸ごと面倒見るので、ほかのことは考えずにひたすら企業の敷いたレールの上を走ってほしい」ということである。だから、定年まで雇用の保障をするし、毎年給与も上げることができたのだ。終身雇用のもとでは、定年まで働き続けることを前提に、その間の給与の伸び率を右肩上がりの緩やかなカーブで考えればよかった。その人の能力や業績とは関係なく、年齢に基づいた給与テーブルなるものが存在してきた。能力主義の考え方からすると、誰もが同じように昇給されるというのは、一見公平のようでいて実は極めて不公平な話だったわけである。

乱暴な言い方をすれば、会社は生涯賃金というお金で、社員の一生を買っていたようなものだ。出世する人としない人で若干の差も出るだろうが、その差はそれほど大きくはならない。平均化された生涯賃金という総額を、緩やかな右肩上がりの給与曲線の中で、配分してきたにすぎない。

その生涯賃金の配分では、20代前半の若いうちは、一人前に教育するのに手間や時間がかかるにもかかわらず、本来は授業料をもらってもいいところをある程度支払い、そして本来働き盛りで、会社に大きな利益をもたらす時期である30代、40代の給与は、その働きに比べればかなり抑えられ、そして、50代以降は、そこまで働けなくなっても、そこそこ高い給与水準を維持していく。そういう仕掛けだったわけだ。だから大企業などには、仕事をあまりしていないのに、過去の功労から高い年収をもらっている50代の社員がゴロゴロ見受けられたりするのである。ある意味、終身雇用を前提としていた企業では、「誰でもいずれは年収1000万円」が保証されていたのである。

大企業で1000万円もらっていた管理職が転職すると、とたんに300万円の価値しかなかったという話は、このような仕組みの中にいた人が、仕組みの外に出てしまったから起きたことなのである。終身雇用、年功序列時代の企業では、必ずしもその人の能力・スキル・経験・人脈などが、正当に評価されて年収額が決められていたわけではないのだ。

中高年のリストラの悲劇にはこのような背景が存在する。ミドル世代の人たちは、「今まで我慢してきて、やっとの思いで先に先にと貯金してきたものを、さあこれからと楽しみにしてきた段階で、もう貯金はありませんよ」と言われたようなものなのである。いきなり自分に不利なルール改正に遭ったようなもので、時代の変わり目の中、割りを食った人たちと言える。

経済アナリストの森永卓郎さんは、著書『年収300万円時代を生き抜く経済学』（光文社刊）で、近い将来、収入の格差が広がり、年収1000万円以上の世帯と年収300万円程度の世帯に二極化し、年収1000万円組に残れるのは、せいぜい1割程度で、残りの9割、つまり大多数の家庭は年収300万円組になるだろうと予想している。

実際、国税庁による平成17年度の調査データを見ると、この10年で平均年収は約20万円下がっているし、ここ5年で、年収300万円以下の人数も約140万人増加、1000万円以上取得者は22万人ほど減少しており、年収1000万円が狭き門になってきていることは明らかだ。だが、驚くべきことに、年収2000万円以上の超・高所得者は、この5年の間、毎年増加傾向にあり、まさに、二極分化が進んでいると言わざるを得ないのだ。

日本もアメリカのように、富裕層と低所得者層に二極化され、その中間層がいなくなり、今以上の格差社会が到来するという森永氏の予測は間違いないものと思われる。

こうなると、独自のキャリア・デザインを怠ってしまい、漫然と日々を過ごしている人たちは、安閑としていられなくなる。右肩上がりの年功給時代は完全に終焉《しゅうえん》を迎え、「給料氷河期」が訪れるのである。

ダメな40代より、デキル20代に年収1000万円のチャンスが

雇用環境は、この10年くらいの間に激変した。転職というものが一般化し、もはや人材の流動化を前提とした要因計画や人事管理を、企業自体が考えなくてはならない時代になったのだ。かつての企業は、差がつかないことが、ある意味公平だった。同期で出世した人も、あまり出世しなかった人も、狭いレンジの中での差だった。それに不平を

言う人も少なかった。しかし、今の企業では、細かい評価制度が導入され、誰が仕事をしていて誰が遊んでいるかが周囲に明確にわかるようになった。できる社員ほど、ダメ社員とあまり変わらない給与に対して不満を爆発させる。公平の概念が変わってきたのだ。本来公平というのは、できる人に多く配分し、できない人にはそれなりの配分で我慢してもらうということだ。そして、差のはっきりした配分に誰もが納得するようになってきた。

なので、いまだに年功的な給与制度を保っている企業は、できる人から辞めていき、ダメ社員ばかりが残されることになる。これでは、会社として生き残れるはずがない。すべての企業が能力主義に移行せざるを得ない事情はこんなところにもある。

そんな雇用の新時代には何が起こるのか？　悪いことばかりが起こるように聞こえたかもしれないが、そんなことはない。むしろ、キャリアを正当に評価し、高い業績をあげた人には、それに見合う給与を支払うのが当たり前の時代になるということだ。頑張った人が報われるという意味では、いい時代になったのかもしれない。

「誰でもいずれは年収１０００万円」時代が終わったということは、逆に20代で年収１

000万円というものが、現実味を帯びてくるのである。過去には、ベンチャー企業や新興企業などの超急成長企業などでしかあり得なかった若年層の高給与が、十分に可能な時代になってきているのだ。

これは断言してもいいが、これからの日本企業は、今以上にさらに能力主義の世界に移行していくだろう。そして、優秀な人材ほど転職を重ねていく。そんな時代になったことに働き手は早く気づくことである。また、そんな時代だからこそ、真剣に誰よりも〝早い〟段階で、自分のキャリアを考えなければならないのである。

「給料氷河期」こそ、キャリア・デザインが年収アップの鍵

「20代の間は、企業にお任せのローテーション人事で広く浅くその会社のことを学び、30代になってから本格的に自分の力を発揮しよう……」なんて悠長なことをやっていると、いつの間にか取り残されてしまう。ここぞというときに、思ったところに転職すらできない人材になってしまいかねない。広く浅くその企業内だけでしか通用しないジェ

ネラリストなど、閉ざされた労働市場ならいざ知らず、ここまでオープンで自由な転職マーケットになった今、まったく価値がないのだ。

働き盛りの40代も、「そろそろ後進に仕事を任せていって、年収1000万円の恩恵にあずかろう」などとのんびり構えていると、足元をすくわれてしまう。今まで自分がやってきたことをきちんと整理し、キャリアの棚卸しをすることによって、本当に世の中から求められる人材へと軌道修正する必要があるかもしれない。

繰り返すが、「誰でもいずれは年収1000万円」の時代は終わったのである。すでに年収1000万円以上稼いでいる人も、翌年以降、それを維持できる保証などどこにもない。もう一歩で年収1000万円に手が届きそうな人でも、このまま何も自分にふさわしいキャリア・デザインをしなければ、自然にそこに到達するどころか、大幅に下がってしまうことも大いにある。逆に、キャリアの作り方次第では、年収を2倍にも3倍にもすることが十分可能な環境になってきた。

年収1000万円を稼げるかどうかは、今後のキャリアというものをどれだけ意識して、また、どれだけ努力して自分のものにできるかにすべてがかかっている。

第一章以降は、どんな人が年収1000万円を稼げる可能性があるのかを、具体的なケースで説明していきながら、そのためのキャリア・デザインの方法について、各章ごとにまとめてある。自分はどのくらい当てはまるかを確認し、もし当てはまっていなければ、そうなるためにどうすればいいのかを意識して行動してくれれば幸いである。

第一章

「あなたにしか頼めない」と言われたことがあるか？

代わりがいない人材に対しては、企業は金に糸目をつけない

序章でも説明したが、企業の中での人材の価値というのは、需要と供給のバランスの中で決定される。たとえば、突然上司に「会社を辞めます」と申し出たときに、あっさり受け入れられたとしたら、それは、「キミの代わりはほかにもたくさんいるよ」ということだ。逆に、必死に引き止められるのなら、「キミがいないと困る」ということになる。代替のきかない仕事というのは、その人がいないとできない業務や、その人ならではの人脈で可能な業務だったりする。

だから、「自分の存在というものを、数多い社員たちの中でどう差別化するのか」「どう希少価値のあるものにするのか」が大切なポイントになってくる。ほかにも代わりがたくさんいる人材であれば、低い給与でも構わないだろうと会社は判断する。一方、その人の存在が代替のきかないもので、企業の死活問題につながるようなケースなら、それこそ金に糸目をつけずに囲い込みをするだろう。

ほかの人にはない「何か」を持っているかどうかで、会社の中での立場はまったく違

ってくるのだ。そして、その「何か」が社内のみならず、広く世の中で通用するのなら、転職市場の中でも〝高く売れる人材〟として、どこからでも声がかかってくるだろう。

キャリア作りの第一歩は、まずは会社から必要とされる人材になるということだ。そして、知識や経験や技術や人脈などにおいて、世の中からも求められるオンリーワンの存在になっていくことだ。もちろん、そんな存在になるのは容易ではないし、時間もそれなりにかかる。しかし、そういうことを意識するかしないかで、日常の動き方、過ごし方も違ってくるはずだ。

極端な話、自分の状況や働く環境が変わっただけで、いきなりオンリーワンの存在になれる場合がある。

私はかつて、ギャガ・コミュニケーションズという会社に勤めていたことがある。洋画の買付けから邦画製作、宣伝配給までを手がけるインディペンデント系の映画会社だ。今では通信事業会社ＵＳＥＮのグループ会社として、映画業界の中でそれなりのポジションを獲得しているが、創業時は社員数名のベンチャー企業だった。

ギャガ・コミュニケーションズの創業者である藤村哲也さんは、慶應義塾大学法学部を1976年に卒業後、オーディオメーカーの赤井電機に就職した。その当時、第二次オイルショックの影響で、就職環境は非常に厳しいものだった。どの企業も新卒採用の人数を絞り、採用数ゼロという大手企業も珍しくなかった。そんな状況で、当初マスコミかメーカーを考えていた藤村さんは、もしメーカーで働くのなら自分の興味の持てる分野がいいと、オーディオ関係の会社を調べていき、赤井電機に行き当たった。音楽系サークルに所属していた彼にとっては、事業内容も魅力だったが、それ以上に、入社1年目でも海外勤務の可能性が高いということが大きな決め手だった。赤井電機は海外からの評価が高く、輸出に力を入れていたのだ。

そして、藤村さんは就職試験を受け、首尾よく合格した。入社後は思惑どおり、新入社員にもかかわらず、中近東を担当させられ、ビジネスの現場にいきなり放り出された。語学力もおぼつかないのに長期出張の連続で、文字どおり世界を飛び回る日々だったらしい。

そこで、語学力と商売感覚と海外のビジネスマンに対しても物怖《ものお》じしない度胸を身につけた藤村さんは、その経験と実績を買われ、外資系投資企業の日本法人立ち上げ時に誘われて転職。社員数わずか6人のベンチャー企業に参加したことで、自分もいつかは独立、起業したいと考えるようになり、同時に会社経営の基本をそこで学んだという。

その後、86年にギャガ・コミュニケーションズを設立。海外の映画やテレビ番組など、映像作品の権利を買ってきて、それをビデオメーカーやテレビ局に権利販売していくという版権商社としてスタートした。当時、レンタルビデオ市場は急激に拡大していたため、映像ソフトの需要も飛躍的に増え、会社は急成長したのだ。

〝絶対的な何か〟を持っていなくてもオンリーワンになれる

藤村さんのキャリアには、面白いエピソードがそれこそ数限りなくあるのだが、中でも最も興味深かったのは、オンリーワンの存在になる方法についてだった。

能力や技術というものは、まわりのみんなも同じように持っているような場所で持っていてもただの人だが、ほかの誰も持っていないところに行けば、特別な人になれる。

ギャガ・コミュニケーションズを設立した当時、ビデオ業界には語学力に長《た》けた人材がほとんどいなかったそうだ。英語をしゃべることのできる人が皆無の業界で、日本語を聞きながら即座に英文で苦もなくテレックスを打つことのできる藤村さんは、非常に珍しい存在だった。英語が堪能で海外の海千山千の商売人とタフな営業ができる――というような能力は、メーカーの海外営業部門や総合商社ではごく当たり前のことかもしれないが、当時のビデオ業界ではまったく普通のことではなかったのだ。

外国の交渉相手とのミーティングでは終了直後にその内容を書類に残してサインをもらうなど、海外と商売する上でのノウハウも身につけていたから、取引もスムースに運んでいく。多くの場合は、ビデオメーカーがやる仕事――欧米の映画やテレビ番組の権利元との交渉、英文での契約書のやりとりなど――を代わりに行うのはもちろんのこと、取引先の担当者を世界の映画祭やフィルムマーケットに連れて行き現地アテンドするなど、そういうすべてを藤村さん自身がやった。これらの仕事を通じて、藤村さんは短期間に、ビデオ業界の人たちから一目置かれ、頼られる存在になっていったという。

つまり、ある場所では当たり前の能力や技術だと思っていても、ほかの場所に行くと、その能力や技術がまったく別の輝きを持って光り出すことがあるということだ。言葉を換えれば、オンリーワンの存在というのは、必ずしも絶対的な何かを持っていなくてはなれないというものではなく、相対的な関係の中で、そういう存在になることが可能なものなのである。

会社が変わっただけで、当たり前の能力が特別なものに

私の知人で、都内の外資系広告代理店から、出身地福岡の広告会社にUターン就職したKさん（39歳）という人がいる。転職したのは数年前のことだ。

外資系広告代理店の営業マンだった時代に、彼は、たまたま取引額の大きなクライアントとの契約を他社に持っていかれ、降格人事の憂き目に遭った。競争の激しい外資系だけに、単年度の業績で何もかも評価される仕組みだったのだ。すべてが本人だけの責任ではなかったにもかかわらず、年収は減額、上司の目も厳しくなり、居心地も悪くなった。そんな状態がしばらく続き、体調を壊したのをきっかけに、30代半ばでUターンを決断した。

たまたま地元の広告会社が求人していることを知り、キャリアが生かせると思って飛び込んだ。東京と地方の給与水準の違いは大きく、年収はさらにダウンしてしまったのだが、環境を変えて心機一転頑張りたいという気持ちの強かったKさんには、納得ずくのことだった。

しかし、地元の環境も、それほど彼に甘くはなかった。挨拶回りをしても、地元の話題についていけないし、生まれ育った出身地にもかかわらず、取引相手からはよそ者扱いされてしまうありさまだった。東京での生活が長かったために、地方の人間関係や商慣習、仕事のテンポなどになかなか馴染《なじ》めなくなってしまっていたのだ。

そういう事情で、しばらくエンジンがかからなかったのだが、徐々にKさんのある一面に光が当てられるようになった。パソコンを駆使して、短時間で見事な企画書を作る技術だった。インターネットを利用してデータを収集し、それをきれいにグラフ化する。マーケットに裏付けられた説得力のあるプレゼンテーション資料を、あっという間に作ってみせたのだ。

そんなことは、外資系の広告代理店では当たり前のこと。過去に相当鍛えられてきたので、本人にとっては、ごくごく普通の朝飯前の仕事だった。ところが、それと同じことを新しい職場でやってみたところ、同僚たちから驚きの目で見られたわけだ。そして、それらの資料は、次々とクライアントからの受注を勝ち取っていった。

彼の作った提案書は、競合会社の資料に比べ、充実の度合いが違うらしく、特に地元の自治体などでは、先方の担当者から「今度、自分が部内で発表する資料に使いたいので、アレンジして作ってほしい」とまで言われるようになった。Kさんは、企画書作りのプロとして、社内勉強会の講師を務め、後輩や同僚の指導にもあたるようになった。

そんな働きぶりが社長からも高く評価され、ほどなくマネジャー職に昇進した。ついには、Kさん、東京の外資系企業で働いていたときよりも、大幅に給与がアップしたそうである。40歳を前にして年収も1000万円に手が届きそうだというから、本当に何がその人を救うかわからないものである。

このケースも、同じ業種、同じ職種でありながら、働く場所（地域）が変わっただけでオンリーワンの存在になり、その希少価値から人材としての市場性が一気に高まった好例だろう。

東京の病院で働く勤務医は、医師の少ない地域の医療施設に行くと、かなりの高給与で迎えられるという話を聞いたことがあるが、これも、結局は需要と供給のバランスの関係で、その希少性こそが評価され、高い給与を決定する要因になるということを明確に示している。

自分の強みを知ること

読者のみなさんも、自分の持っている能力、技術、経験などを、この観点から見直してみてはいかがだろうか。今いる場所ではごくありふれたモノかもしれないが、場所が変われば、とたんに光り出す何かがあるかもしれない。そんなふうに、自分のキャリアというものを定期的に見つめ直すことも、キャリア・デザイン上、非常に重要なことなのである。自分では普段気づいていない意外なポテンシャリティが発見できれば、その後のキャリア形成の方向がはっきりと見えてくる可能性がある。

そのためにも、自分の強みを知ることが大切になる。

「自分は、どの分野だったら人には絶対に負けないというものを持っているのか?」。

そのことをきちんと認識することである。能力でも性格でも、技術でも経験でも構わない。自分にとって武器になる何かを早く知り、その武器をいつでも使えるように、常に磨きをかけておかなければならないのだ。

実際に、社会でそれなりの結果を出している人は、ほかの人には負けない得意な何かを必ず持っている。そして、それを最大に発揮するチャンスを逃すことなく、必ず自分のものにしている。

前述した藤村さんの場合は、英語力であり、海外ビジネスの経験であり、外国人ビジネスマンとのタフな交渉力だったということだ。そして、Kさんの場合は、短時間で説得力のある企画書を作り上げる能力だったわけだ。二人の例は、異業界・異職種で活躍することを選んだとしても、同じ業界内での転職だとしても、環境さえ変わればそこでオンリーワンになる可能性が十分あるということ証明している。

これは余談だが、私はかつてリクルートという会社にいたとき、「田中さんはマニアックに映画に詳しい」存在として、周囲の人たちから見られてきたのだが、映画会社のギャガ・コミュニケーションズに転職すると、「ごく普通に映画に詳しい」存在になってしまい、その後、映画雑誌の老舗《しにせ》出版社であるキネマ旬報社で働くようになると、映画の知識的には、そこでは「ただの人以下」の存在になり下がってしまった。それくらいキネマ旬報の編集部にはツワモノが揃っていたのである。この場合は、特別だと思っていた知識が、別の場所では普通になってしまったという逆の例だ。

ただ、ひとつ言い訳をさせていただけば、その代わりに、リクルートという会社では普通だと思っていた仕事の進め方、物事の考え方、経験などが、老舗の会社では新鮮なものとして受け入れられ、そこで新しい価値を生み出す原動力になったということもまた事実である。

そして、映画に詳しいという得意な分野があったからこそ、リクルートでの雑誌編集長という立場から、映画配給会社での映画プロデューサーという立場へとすんなり転職することができたとも言えるし、またその後、キネマ旬報社という会社で、生え抜きの社員の人たちと違和感なく一緒に働くことができたとも言えるのだ。

給料氷河期のキャリア・デザイン　法則1

得意分野で差別化し、オンリーワンの存在を目指せ

オンリーワンの存在になるためには、これだけは人に負けないというスキルや知識や技術を持つことである。そして、それを希少価値のあるものにするためには、自分をいかに他人と差別化するかを考えることである。代替のきかない人材になれば、企業は高い給与を払ってでも、その人材を獲得しようとするはずだ。

第二章　好きな世界が〝ただの趣味〟になっていないか？

意味のない資格は取っても無駄

いろんな場所でキャリア・デザインの話をすると、話を聞いていた人から、「どんな資格を取れば、キャリアアップしますか?」「資格を持てば、やりたい仕事に就けるでしょうか?」「どんな資格が、今後有望ですか?」というような質問を受けることがある。また、ビジネス雑誌や女性誌などで、「今、この資格が狙い目」などという特集企画もよく目にする。英会話学校から、パソコン教室、各種の国家資格まで、かなり以前から資格ブームが続いていると言ってもいいだろう。

この資格ブームの背景には、資格を取ることで自分の人材価値を高めたい、自分の望む仕事のスタートラインに立ちたいという働き手の切実な願いがあるように感じる。では、本当に資格は、給与アップや転職に効くのだろうか?

結論から言うなら、資格はただ持っているだけでは、それに意味があるかどうかは判断できない。要は、使い方次第でどうにでも変わるものなのだ。

資格を取る前にまず考えなくてはならないのが、「自分は何をしたいのか」。そして、

「そのために今の自分に何をプラスしていけばいいのか」である。それがわかった上で「どんな資格を取ればいいのか」ということだろう。やみくもに手当たり次第資格を取ったところで、これから進みたい方向とまったく関係がなければ、実質的な効果は期待できないし、価値はゼロだ。どの資格がどの仕事に有効なのかは、内容や状況によってまったく違ってくる。自分の将来にとって、使える資格でなければ意味がないのである。

では、使える資格というのはどういうものを指すのだろうか。

資格には、国家資格から民間の検定試験まで、数え切れないくらいの種類があるのだが、大まかに二つの考え方に分けられる。

ひとつは、ある仕事をする上で必要不可欠な資格。つまり、資格を持っていないと、その仕事に就けないという種類のものである。代表的なものは、医師、弁護士、看護師、建築士、税理士、薬剤師、美容師、調理師などなど。身近な例では、小中高の学校の先生もそうだし、当たり前のことだが、タクシー運転手や宅配のドライバーになるには運転免許証が必要だ。

また、宅建（宅地建物取引主任者）の資格は、「宅地建物取引業法」の中で「宅地建物業者は事務所ごとに5人にひとりの割合で専任の資格保有者を置かなければならない」と定められているため、実質的には不動産業界で働くには不可欠な資格とみなされている。不動産関連の企業が、会社主催の勉強会を行ったり、資格取得のために奨励金を出したりして、社員の積極的な取り組みを支援するのはそういう理由からだ。

そして、もうひとつは、仕事をする上で絶対に必要なものではないが、取得することにより仕事の幅が広がるとか、自分自身を望ましい方向に進める可能性を大きくするというような資格である。

たとえば、営業職に就いている人たちの中には、中小企業診断士の資格を取る人がいたりする。それは、取引先企業の決算数字などを一目見て、その企業の状態がわかったり、経営者と会ったときの会話の幅を広げたりしたいという理由からである。人事業務への異動希望を持っている人は、社会保険労務士の資格を取ることで、人事部への異動の可能性が高まるだろう。また、旅行業界への転職希望者だったら、旅行代理店などに実際に応募する前に、旅程管理主任者や旅行地理検定などの資格を取得すれば、面接を断然有利に進めることができるはずだ。先に述べた宅建の資格も、不動産業界だけでなく、金融業界や法律関係の職種への転職を考えている人にプラスに働くこともある。こうしたケースにおいては、資格は就きたい仕事へのパスポート的な意味合いを持つことになる。

「好きなもの探し」が、稼げるキャリアの第一歩

資格を自分のキャリアに活用するという前提で、しばらく話を進めてみよう。

具体的な目標がまだ定まっていないのなら、個人的に好きな方向に向かうということで構わない。わざわざ嫌いなことを無理やりやる必要もなければ、先の見えない状態で機械的に何かを学習するということもない。要は、自分で興味の持てる分野を探して、まずはそこで資格を取ろうと考えてみればいいのだ。

好きな分野なら勉強も苦にはならないだろうし、結果的に関連する仕事に就ければ、それ以上幸せなことはない。たとえ仕事とは関係がなくても、好きな分野、のめり込める分野を何かしら持っておくことは、人生を豊かにするし、仕事を取ったら何も残らな

かったというような仕事人間にならずにすむ。

私の好きな言葉のひとつに、日本映画界の巨匠・故黒澤明監督の、
「みんな、自分が本当に好きなものを見つけてください。
自分にとって本当に大切なものを見つけるといい。
見つかったら、その大切なもののために努力しなさい」
というものがある。

黒澤明監督にとって、好きなもの、大切なものは、間違いなく映画だったであろう。人は誰でも必ず、何かしら夢ややりたいものを持っているはずだ。「夢がない」とか「やりたい仕事がない」という人は、「ない」のではなく、見つかってないだけなのではないだろうか。

意外な組み合わせの二つのスキルでオンリーワンに

たとえば、ワインが好きならば、好きという理由だけでソムリエの勉強をしたっていい

いだろう。もし、その人に「雑誌の編集」という仕事のスキルや経験があれば、ソムリエの資格を持った編集者というキャリアを手に入れられるわけだ。もし雑誌等でワイン特集などの記事が企画されたときは、必ずその人に担当がまわってくるだろうし、うまくすれば、ワイン関連の書籍の仕事が意外なところから入ってくるかもしれない。また、旅行代理店に勤めていて、ツアーコンダクターの人がソムリエの資格を取ったとしたら、「太陽とワインの南仏10日間」という旅行が企画されたときには、真っ先に担当を命ぜられるに違いない。好きが高じて、何かの資格を手に入れたところ、それが仕事に結びついてくれれば、言うことはないだろう。

「ダブルスキル」という言葉がある。異なった二つのスキルが合わさって、ほかにはない大きな価値を生むということである。第一章に書いたように、「場所が変われば意外な側面が光り輝き出して、オンリーワンの存在になれる」という話と同様に、意外な組み合わせの二つのスキルを持つことも、オンリーワンの存在になれる可能性につながっていくのだ。

1+1+1を10にする方法

私が編集長をしていた就職情報誌「週刊ビーイング」に、「医療医薬品業界に精通していて、官公庁などへの3年以上の営業経験があり、ドイツ語でビジネスのできる人」という求人広告が掲載されたことがあった。これは、ある外資系の医薬品メーカーの求人だったのだが、あまりに条件が厳しすぎて、「こんな人、世の中にいないんじゃないか」と編集部で話題になったほどだ。しかし実際にふたを開けてみると、この厳しい条件を満たす優秀な人材が数名応募してきたのである。

この求人広告を電車の車内吊りでたまたま見た応募者のひとりは、転職する気持ちなどさらさら持っていなかったにもかかわらず、「これは、もしかしたら自分のことかもしれない」と名指しされたような気持ちになり、翌日には履歴書を郵送したという。おそらく条件を絞ったのが功を奏したのだろう。この中途採用には人事担当者だけでなく、合格者も大満足だった。

採用された人は、偶然見た求人広告によって、改めて自分のキャリアの価値というものを再確認できたというから、何が人の人生を変えるか、わからないものである。後から話を聞くと、その人は、年収1000万円どころか、それをはるかに超える好条件で採用されたらしい。

これなど、「ダブルスキル」ならぬ、「トリプルスキル」で、1＋1＋1が10になったような非常にわかりやすいケースだ。

資格とキャリアの話をするときに、私がよく引き合いに出すのが、「気象予報士」という国家資格だ。この資格は1994年に正式に制定された。それまでの天気予報というのは、新聞紙面でもテレビの予報番組でも、気象庁から発表されたデータをそのまま使うしかなかったのだが、この国家資格ができたおかげで、許可を受けた予報業務の範囲内で、民間企業でも独自に気象予想を行うことができるようになった。つまり、天気予報の自由化である。各メディアが抱える気象予報士が、さまざまなデータを総合的に分析し、独自に天気予報を行えることになったわけで、このころからウェザーキャスター（お天気キャスター）という職種が世の中的にも確立されてきた。

この気象予報士の国家資格、第1回資格試験の受験者2777人のうち、合格者は5

00人だった。私は合格者の男女別の内訳に驚いたのだが、なんと女性の合格者は、たったの12人。男女でこんなに偏りがあるというのは面白い現象だと思った覚えがある。そして、その女性12人の中に、女性ウェザーキャスターの草分け的存在、河合薫さんがいた。

資格取得で一夜明けずにシンデレラになった気象予報士

河合さんは大学卒業後、航空会社に入社。念願だった国際線スチュワーデスを4年間経験した後、「自分の言葉で話す仕事がしたい」と、同時通訳やアナウンスの勉強をしていた。ちょうどそのころ、「気象業務法改正」という天気予報自由化の新聞記事が目に留まったそうだ。その資格を取得すれば、アメリカのテレビ局などで活躍するウェザーキャスターのような仕事も可能だと書かれており、「自分の言葉で自分の予報を伝えることができれば素敵だ」と、資格取得を目標に定めた。当初は何の知識も興味もなかったが、やがて民間の気象予報提供会社に就職して、仕事をしながら猛勉強。見事第1回の試験で資格を手に入れたのだ。

実は、河合さんが初めてテレビ出演したのは、気象予報士試験の合格発表の日のこと。第1回の合格発表ということもあって、各マスコミ、報道機関の人たちが大勢集まっていたらしい。そこで合格者としてのインタビューを受けた河合さんは、その場で急遽《きゅうきょ》、夜のニュース番組への出演依頼を受けたのである。その場は半信半疑でやり過ごしたものの、家に帰ると、会社から留守番電話に「テレビに出てほしい」というメッセージが入っていた。そこで、あわててテレビ朝日に向かい、出演したのが、当時、高視聴率を誇っていたニュース番組「ニュースステーション」だった。

そんなドタバタ騒動の裏には、天気予報の急な自由化でマスメディアもあわてて対応を迫られたという背景があった。それまでは、気象庁からの情報をアナウンサーが読んでいればよかった。しかし、自由化後は、視聴者の信頼感を得ることができ、わかりやすくかつ正しい気象情報を伝えることのできる、資格を持ったウェザーキャスターの役割が重要になってきた。実際、深い知識を持つウェザーキャスターの登場は、ニュース番組の人気を一層高める要因にもなったのである。

視聴率獲得競争の激しいテレビ局が、一気にウェザーキャスター探しに血眼になったのは当然のことである。気象予報士の資格を持っていて、テレビ映えして、キチンと自分の言葉でしゃべれる訓練ができていて、しかも女性。……というと、どういうルートをたどっても最後には河合さんに行き着くわけである。資格取得の前日まで、河合さんは、それこそ世の中にたくさんいるキャスター志望の人たちの中のひとりにすぎなかった。それが一夜にして、いや、一夜明けずして、あたかもシンデレラストーリーの主人公のように、ほかには換えがたい貴重な人材になったのである。いろんな会社からオファーがあったのは想像に難くない。

河合さんは、それから、ウェザーキャスターに留《とど》まらず、TBSの報道番組のメインキャスターなども務め、その後の活躍は知ってのとおりである。報酬の話ばかりするのも気がひけるが、おそらく気象予報士の資格を取得する前と後では、その額は数倍違ったはずである。

当時、気象予報士の資格を持っている女性が全国でたった12人と少なかったから、結果として、1（気象予報士の資格）プラス1（キャスターとしての資質）の「ダブルスキル」が、希少価値としては、何十倍にもなったケースだろう。

キャリア・デザインは目標にどう近づくかの戦略だ

つまり、キャリア・デザインも戦略なのである。戦略とは、目標にどう近づくかを計画的に考えることだ。明確な目標があって、初めて明確な手段が存在する。資格も同様、明確な目的があってこそ、鬼に金棒の武器になるというものだ。

現在、河合さんは東京大学の大学院医学系研究科の博士課程（健康社会学）に在学中だ。私は、これも河合さんの次なる戦略だと確信している。彼女のホームページでは、「スギ花粉週間予報」というものをやっていたし、『体調予報〜天気予報でわかる翌日のからだ』など、天気と健康に関する書籍を何冊も出版している。確かに天候と体調は関係が深い。彼女は、気象予報だけに留まらず、そこを核に、健康や医学という分野を今後の明確なターゲットに見定めたに違いない。

言うまでもなく、これで「トリプルスキル」になるわけだ。1（気象予報士の資格）

プラス1（キャスターとしての資質）に、このプラス1（健康、医学）が、今後どういう活躍を生んでいくのか、本当に楽しみにしている。

自分に付加価値をつけていくということは、そういうことだ。資格はその手段のひとつである。多くの人が持っている資格では、付加価値は高くならない。ほかの人では、置き換えられないからこそ、価値は上がり、オンリーワンの存在になれるのである。何を目指しているのか、いかにほかの人と差をつけられるか、それを考えれば、今何をすべきかが、おのずと見えてくるはずだ。そして、その戦略がはっきりしてくれば、あなたにもきっとシンデレラストーリーが描けるはずである。

給料氷河期のキャリア・デザイン 法則2

好きな世界を極めておけ。それはいつか自分にプラスになる

好きな世界を持つことは、人生を豊かにするし、仕事を離れても重要なことだ。今までの自分の能力、知識、技術、経験に、その好きな分野の何かがプラスされると、意外な将来が開けることもある。結果的に、「ダブルスキル」や「トリプルスキル」になって、思わぬ仕事を手に入れることができるかもしれない。

第三章　会社にNOと言えるか？

定期人事異動は、会社に都合のいい人材育成のためにある

日本の企業には、定期人事異動というものがある。1年のうち、たいていの企業は4月と10月に人事異動を行う。なぜかというと、世の中には決算期が3月末の企業が圧倒的に多く、9月末はその半期にあたり、ちょうど期の変わり目だからだ。期の変わり目には退職者が多く、また、4月は新入社員が入社するタイミングでもある。

企業が人事異動を行うのには、いくつかの理由がある。ひとつは、事業環境の変化に対応するため。現場から上がってきた組織の要員計画などを反映して行われるものだ。Aという不振の事業部とBという伸び盛りの事業部とがあれば、企業は間違いなくA事業部の人を減らして、B事業部に人材をシフトする。

次に、組織の活性化。同じ部署で同じ顔ぶれと同じ仕事をずっと続けるというのは、慣れや馴れ合いという弊害を生む。マンネリというやつである。そこで、組織に刺激を与えるために、あえて人を動かすわけだ。組織内の年齢的なバランスや役職のバランスを考慮するということにも、日本企業は重きを置いてきた。組織に不適合な人材を生き

返らせるための人事というものもある。営業部門に配属したが、人と接する仕事が苦手だということが後からわかって、結果的に管理部門に異動させるなどということだ。

さらに、組織のメンバーが固定化すると、人材の育成的な観点からも問題が出てくる。下にいるメンバーはいつまで経《た》っても下の仕事しかやらせてもらえず、育つスピードが遅くなるからだ。また、取引先との癒着《ゆちゃく》や権限の乱用という問題も起きかねない。定期人事異動は、こうした事態を避けるという目的も持っている。

そして最後に、ジョブローテーションという考え方がある。異なった複数の仕事をしてもらうことによって、その企業内でどんな仕事にも対応できるジェネラリストを養成するための仕組みである。実は、このジョブローテーションというものが、終身雇用の時代が終わろうとしている今、企業にとっても働き手にとっても、やや厄介な制度になりつつある。

基本的にジョブローテーションは、オールラウンドな実務や経験の蓄積のために行われるもので、大手企業や官公庁では将来の幹部候補者に対して、他企業や管轄の違う省庁への派遣や出向などを含めて、本人の意思とはまったく関係なく、さまざまな部署を経験させるという目的で異動を行うのである。

このジョブローテーションという制度は、専門性の確立という考え方とは対極にあり、高度な専門性を必要とする職種や経験がものを言うような仕事には、むしろマイナスな側面も持っている。

納得いかない人事異動は受け入れるな

もし、あなたが自分の専門性を高めようと、ひとつの職種に専念し、その知識や経験を蓄積しようとしているときに、上司から「3年経ったし、そろそろ異動してもいい時期だろう」なんていう感じで、異動の命令を受けたらどうするだろうか？

そんなときに、果たして「NO！」とはっきり言えるだろうか？　会社に対して「NO！」を言うのは勇気のいることだ。しかし、本当に自分の将来のキャリアを考え、そのほうがいいと思うなら、自分の意志を貫くべきだ。たとえ、そのことが原因で会社を辞めざるを得ない状況になっても、結果的には自分の思うキャリアプランを優先させ、専門性を高めるなどしたほうが、その後のビジネスキャリアでは、逆に働き口にあぶれることがなくなる可能性が高いのである。そんなケースを具体的に紹介しよう。

不動産コンサルティング会社を設立し、独立して5年目のNさん（43歳）は、いろんな業界から引っ張りだこの売れっ子コンサルタントである。ひとことで不動産といっても、守備範囲が広く、遊休地の活用、不動産の証券化から、土地売却による企業再建の相談まで、何でもこなす。資産家や経営者向けの講演会も年に50回は行うという。

20年ほど前に新卒で入社した不動産販売会社でのサラリーマン時代もさぞかし優秀だったのかと思っていたら、本人いわく、「会社員のときは、まったくのダメ社員でしてねえ」。

新入社員のほぼ全員が最初に配属されたのが営業部門。動く前にじっくり考えてから始めるタイプだったNさんは、新規営業のための電話でのアポ取りが苦手で仕方なかったらしい。「とにかく、まず会ってください」という押しの強さが要求される仕事には、まったく馴染めなかったのだ。そういう性格だったので、営業相手との駆け引きなどはもってのほか、外回り自体も嫌で嫌でしょうがなかった。

有名国立大学の法学部卒というNさんに対して、会社の期待は大きかったらしいのだが、見限られるのも早かったとのことだ。人事異動の季節が来るたびに、営業部をたらい回しにされるようになった。そして、入社5年目に転機が訪れる。内臓疾患で数カ月の入院生活を余儀なくされたのである。退院したときには、体重が20キロ近く減っていた。まるで別人のようになり職場に復帰すると、いきなりの人事異動が待っていた。審査部門への辞令が言い渡されたのである。実は審査部というのは、取引のある金融機関からの定年退職後の人たちを嘱託で受け入れているような、地味を絵に描いたようなセクションだった。

営業主体の会社では、審査部でどんなに頑張ったところで、査定は社内で最低点しかもらえない。昇給も賞与も最低水準だった。しかし、じっくり型のNさんには、この職場が起死回生の場所になったのである。

一時的な給与ダウンでも専門職を選択するほうが長い目で得

不動産に関する法律の勉強をする時間がふんだんにあり、それが苦にもならなかった。営業部から回ってきた個別の不動産案件を調べていくうちに、不動産についての法律知識が急激に増していき、トラブル含みの難しい案件もNさんが営業同行することで、無事に進められるようになった。そのころから、体調もよくなり、すっかり健康な体に戻っていった。周囲の人に聞くと、営業マン時代には見られなかった自信のようなものが体からあふれてくるようになったのだそうだ。

これで、会社のNさんに対する評価も一変した。法人相手に大型案件を営業する部門の担当役員が、直々に異動を打診してきたのだ。「営業を離れて3年経つし、審査部もそろそろ卒業していいんじゃないか？ うちの部署は、営業の中でも花形だぞ」と。法人相手の営業なら、新規開拓の営業とは違い、じっくり取り組め、Nさんの本来の持ち味も生かせる。さらに、営業職に戻れば給与も確実に上がる。普通ならこれ以上ないオファーだったが、彼は「審査部の仕事をもう少し究めたいんです」と言下に断ったのである。

営業部に誘った担当役員もさすがに機嫌を損ねたらしいが、そんなことはNさんには関係なかった。本心から審査部の仕事をもっとやりたかったし、3年足らずでこの仕事を離れるのは中途半端な気がしたのである。今や額の大きな案件をまとめるにはNさんの存在が欠かせなくなった会社も、渋々ながら彼の言うことを聞き入れた。ただ、ジョブローテーションの観点からほかの社員との公平感を欠くと主張した人事部により、雇用契約を、特定の職種に限定された業務に専念する専任職社員という立場に変更させられた。正社員とは人事制度が異なり、若干だが給与が下がってしまった。しかし、それでもNさんは満足だった。結局、10年をその審査部で過ごした。

独立を促したのは、本人の意思というより、Nさんの力を借りたいという社外の人たちだった。彼がある研修会で発表したレポートが、金融関係のシンクタンクの広報誌に掲載され、それを読んだという人が、講演会の講師の依頼をしてきたのだ。会社に伺いを立てた上で、その講師を引き受けたのだが、やってみると大好評だった。何度かそういう社外の仕事が続いた時点で、Nさんの中にも、「もう少し仕事の幅を広げてやってみたい」という欲のようなものが出てきた。それから実際に独立するまでに、さほど時間はかからなかった。

今では、Nさんは、大手の不動産会社、銀行や証券会社などの金融機関、法律事務所などを顧客に持ち、社員を5人抱える社長である。「年収はいくら？」などと聞くことはできなかったが、1000万円どころか、サラリーマン時代とは比べようもない額であることは間違いなさそうだ。

「あのとき、会社にNOと言ってなかったら、今のNさんは存在していませんでしたね」と言うと、「いやあ、立場や損得などをよくよく考えて答えたわけじゃないんですよ。あのときは本当に自分のやりたいこと、やらなきゃならないことを思ったら、自然に〝異動は嫌だ〟と返事をしていたんです」と笑顔で答えてくれた。

会社では優等生の中間管理職は、いずれ使い捨てになる

日本の企業の多くが、ジョブローテーションという考えに基づき、〝広く浅く何でも対応できるジェネラリスト〟を育ててきたのには、それなりの理由があった。

かつて終身雇用の時代には、社内に人脈を築くことが重要だった。社内調整の上手下

手が、仕事を円滑に進められるかどうかの重要な鍵になっていた。また、その会社特有の風土・文化に精通し、独特な社内ルールも学ばなくてはならなかった。それらの多くは暗黙のルールだったりしたので、結果的にその会社に長くいることが、仕事ができるかどうかに直結することになっていた。それで、社内の複数のセクションを渡り歩き、複数の職種を経験することで、社内調整という技術を身につけていったのである。

たとえば、あるメーカーの営業所の営業マンが、大きな額の受注を獲得しかけているとする。その顧客は新規の取引先である。社内ルールでは、新規顧客に対しては与信管理をしなくてはならない。しかし、いくつかの書類が不備なため話が進まない。契約を急いでいる取引先からは、矢のような催促である。もちろん契約に至らないから、当然のこと売上げの計上もできない。その営業マンから泣きつかれた営業所長は、本社の法務担当と営業本部長と工場長に根回しをし、強引に稟議《りんぎ》を通して、無事に契約を結ばせてしまう。

つまり、この場合の営業所長のような人が、仕事のデキル人だったのである。

しかし、社内ネット環境が発達し、必ずしもピラミッド組織の序列による段取りに従わずに、個々人がダイレクトに社内での連絡が取れ合う時代になると、仕事における社内調整の重要度が下がってくる。つまり、中間管理層の役割が、不要になってくるのである。最終決定権のある管理者と現場のプレーヤーさえいれば、業務は問題なく進んでいく。

実際に多くの大企業でも、いわゆる課長クラスの中間管理職層が、どんどんプレーヤー化していっているのが実態だ。「メンバーを抱えていない管理職」という存在である。

そういう人たちに求められるのは、管理者としての社内調整力ではなく、ある分野での専門性や実際の現場での業務推進力だったりする。

そんなわけで、現実に大企業などでリストラの憂き目に遭っているのは、何でもやれるようでいて、結局は何の専門性も持ち得ず、それぞれの分野の深い部分では何もできないジェネラリストたちにほかならないのだ。つまり、今までの企業にとって都合のよかったジェネラリストたちは、時代が変わり、厄介ものになりつつある。そして、いつ使い捨てにされるかわからない存在になってきているのである。

会社任せのキャリア作りは、動物園のライオンと同じ

社会人として、仕事を始めたばかりの時期は、とにかく与えられた仕事をがむしゃらにやればよい部分もある。まだ自分が何をしていいのかがわからず、基礎を学ぶ期間だからだ。若いうちは、目の前の仕事を一生懸命こなしていくことで、身につけられるものも多い。仕事を行うための総合力は、この時期に学んだりする。そして、自分はどの分野でどんな技術を身につけたらいいのか、どういう方向に進んでいけばいいのかが明確になっていない人たちは、この期間に試行錯誤を繰り返す中で、本当にやりたい仕事や、進むべき進路、深めていく専門性などを発見していけばいい。

しかし、ある程度の時期になると、やはり自分で方向を決めなくてはならないタイミングが必ずやってくる。自分のやりたいことや、今後深めていきたい専門性が明確になったら、そのときは、キャリア作りを会社任せにしないことである。

会社というところは、「社員ひとりひとりのことを考えて、人材育成をしている」などと言うものだが、実際そんなことはないのである。かかりつけのお医者さんが、「あなたの体調のことは、私が一番よく知っている」などと言ったところで、結局自分の体

調は自分にしかわからない。つまり、お医者さんの話はアドバイスとして聞いても、最終的には自分の健康管理は自分自身でするしかないのだ。

自分のことは、誰より自分自身が知るべきであり、自分自身が考えなくてはならない。それが真理である。


なので、能力開発やキャリア形成は、会社任せにするのではなく、自分自身で考え、実施していかなくてはならない。会社任せの能力開発は、動物園の檻の中で生きるライオンと同じだ。狭い檻の中で何不自由なく餌を与えられ続け、外敵に遭遇することなく生きていると、そこでしか生きていけなくなる。もし、そんなライオンが野生に解き放たれても、餌を自分の力で獲得することもできずに、飢え死にするだけだ。

同じように企業に飼い馴らされた人材は、その社内ではなんとか生きていけても、いったん社外の競争社会に放り出されたら、おしまいだと思ったほうがいい。今は、いつ動物園の檻がなくなり、いつ野生のジャングルに放り出されるか予測不能な世の中である。そんなときでも、自分の力で生き抜けるだけのスキルや経験を身につけておく必要がある。

「気づいたら浦島太郎」というジョブローテーションの落とし穴

まだ20代の人も、試行錯誤が許されるからといって、キャリア・デザインなんてまだまだ先の話なんて思っていると、いつの間にか取り残されてしまう。とにかく与えられた仕事の中から、自分にとって意味のあるものを早く探し出すことだ。

たとえば、3年おきにジョブローテーションを実施している企業だったら、三つのセクションを経験するだけでも、9年間かかる。それだけで30歳になってしまうのだ。前述したように、20代がビジネスマンとしての基礎作りの時期という考え方は間違っていない。がむしゃらに頑張れば、必ず得るものがあるはずだ。しかし、漫然と目の前の仕事をこなしていくのと、ある程度しっかりした将来の目標を見定めて日々を過ごすのでは、後々大きな差が出てくる。そのことに早く気づいた者はキャリア作りの主導権を握り、会社任せには決してしないのである。

私が知っている30代（それも前半）の人たちの中で、おそらく年収1000万円を超えているだろうと思われるのは、20代後半あたりから、ある専門分野でそれなりに大きな仕事を任されてきた人たちだ。

不思議なことに、その多くは外資系企業で働いているのである。これは、外資系企業の給与水準が高いということを言っているのではない。外資系企業でそれに見合った仕事をしているということである。さらに不思議なことには、ほとんどが、新卒でそのまま外資系企業に入ったのではなく、最初は大手の日本企業に就職したものの、5年くらいでそこを飛び出して、外資系企業に転職しているケースが多いことだ。

よくよく彼らの話を聞いてみると、最初の企業で仕事を学んで一人前の仕事ができるようになると、それを自らの責任において、つまり責任のある立場ですべてやり通したいと思うようになる。ところが、日本の企業の中でそれができるようになるためには、途方もなく時間がかかるということに気づくのだそうだ。管理職になるまでには、やらなくてもいい仕事もひととおり覚え、先輩に仕え後輩を指導し、社内の付き合いにも無駄な時間を割かれることを考えると、すごく遠回りになる。それに気づくと、どこかの時点で絶望するらしい。

そんなわけだから、ある程度自分の仕事に自信が持てた段階で、外資系企業に転職し、日本の企業なら課長や部長クラスの人しかできないような仕事を、20代の後半にしてやってしまうのである。この20代後半から30代前半にかけての、〈やってきた仕事の質と量〉と〈個人の成長〉曲線は、連動して、同じように急な上昇カーブを描いている気がする。だからこそ、そういった経験をしてきた30代半ばの彼らには共通して、独特の意識の高さと、その若さには似つかわしくない修羅場慣れした老練さが、感じられるのだろう。彼らもまた、日本企業の人事に対してNOを言ってきた人たちなのである。

社内よりも社外で通用するキャリア作り

最後にもうひとつだけ、企業に飼い馴らされてきた人たちの悲喜劇を紹介しよう。

10年前の山一證券の経営破綻は、いろんな意味で象徴的な出来事だった。当時は、大手の金融機関がつぶれるなどという事態はまったく想像すらしていなかった。そして、当然のことながら、そこから多くの人材が転職市場に流出した。

面白い現象だったのは、山一證券の中で、それなりに出世していた40代、50代の部長クラスの人たちが、意外と転職に苦戦したことである。山一證券という企業の社内では、仕事のできる人として評価はされていたのだが、金融関係の人材マーケットの世界に出てみると、むしろ使いづらい人という目で見られてしまったようなのだ。

逆に、山一證券の内部ではあまり評価されず、出世のラインから外れた人たち……たとえば、調査部のような、ひとつの部署にずっと押し込められていたような地味な人材が、金融のプロ、つまり、スペシャリストとして、外資系の企業などから高く評価されて転職していったのである。

企業に飼い馴らされたジェネラリストが、会社の外に一歩出てみると、いかに不遇だったかという例である。

ここまでの話で、キャリア作りを会社任せにしてしまうことの怖さを理解いただけただろうか。今の時代、キャリアは自分で考え、作るしかないのである。日常の仕事に忙殺されて、自分のキャリアについてゆっくり考える時間がないという人は、無理やりにでも意識的に自分のキャリアと向き合うことである。だいたい、時間がないという人ほど、それを言い訳にしているだけの人が多い。そもそも、キャリアを意識するというのは、時間の有無の問題ではない。

転職しなくても、定期的に職務経歴書をアップデートしよう

で、自分のキャリアと向き合う一番効果的な方法は、自分のプロフィールを文字に落とし込むことである。プロフィールとは、言い換えれば履歴書と職務経歴書のことである。そしてとりわけ職務経歴書がポイントで、ぜひ、過去の職歴を詳しくまとめておきたいものだ。

職務経歴書などと言うと、すぐ転職とイメージする人が多いかもしれないが、私がここで言う職務経歴書の意義は、転職を考えているとかいないとかの問題ではない。そういうこととは関係なく、定期的なキャリアの棚卸しという観点から、プロフィールをまとめておくべきなのである。

書く内容は、成し遂げた業績、そのときの役割・ポジション、それによって獲得した

技術、知識、人脈とそのレベルなど。

まずは自分自身で頭を整理するために、何でも書き出していこう。そして、それを人に見せてもわかるように、足したり削ったりしながらまとめていく作業を行うのだ。ベースになるものを一度作っておけば、あとは更新するだけである。少なくとも年に1回、できることなら4半期（つまり、3カ月）に1回は、自分のプロフィールをアップデートしておきたい。

なぜ、このことに意味があるかというと、文字にして確認することで、自分の市場価値を客観的に見ることができるからだ。実際にやってみてほしい。「今まで何をしてきたのか？」「今何をしているのか？」「今後何をしたいのか？」――そんなことが、自分のプロフィールから浮かび上がってくるはずである。そして、そこから〝何をすべきか〟が導き出せれば言うことはない。

これこそが、キャリア・デザインを自分自身で行うということにほかならないのである。さらに、履歴書と職務経歴書を常にアップデートしておくということは、いつでも転職する準備ができているということでもある。すべての働き手にとって、常にそういう心構えでいることが、漫然と日常を過ごさないための秘訣なのである。

そして、いつでも最新版のプロフィールをかばんの中に入れておくことをオススメしたい。人はいつどこでチャンスと出会うことになるかわからないものである。機会は一度逃すと、二度とやってはこない。自分のことをアピールできる機会に、プロフィールを持っているということは、チャンスをつかむという意味においても、非常に大切なことでもあるのだ。

給料氷河期のキャリア・デザイン　法則3

キャリア作りは会社任せにするな。自分自身で設計し、実行しろ

自分のキャリア形成は、自分自身で考え、設計し、実施していくのが原則である。無自覚に会社任せにしたキャリア作りは、結局は自分のためにはならず、いざというときに市場性を持てないものになりがちだ。頭を整理する意味でも、職務経歴書は、年に4回はアップデートしておこう。

第四章 自分自身を商品化できているか？

初対面で相手にどれくらい理解してもらえるかが勝負

自分のキャリアというものをどのように形成していくべきか、具体的に仕立てるべきかの重要性について、ここまで話してきたが、そのキャリアをどのように周囲に伝えていくかも、同じくらい重要なことである。

いくら一生懸命いい話をしていても、聞き手の耳がよそを向いていたのでは、それは伝わっているとは言えない。相手に伝わってこそ、コミュニケーションというものは成立するのであって、聞いていない観衆に向かって演説するのは、ただの自己満足でしかない。

キャリア・デザインも同じである。いくら立派なキャリアを築いていっても、それが周囲に伝わらなければ、正当な評価は得られない。きちんと周囲に自己アピールして初めて、それは認められることになる。

日本人は、謙譲の精神からか、控えめを美徳と考える傾向がある。なので、そもそも自己アピールが苦手な人が多い。ただ、何も目立てばいいということを言っているわけでもなければ、やたらとおしゃべりすればいいということを言っているわけでもない。自分のことを初対面の相手にきちんと印象よく伝えることにもっと真剣になりなさいと言いたいのである。

これも私の経験値からの判断になってしまうが、ちゃんと自分をキャリア・デザインできている人ほど、初対面のときの挨拶や自己紹介が素晴らしいのである。印象に残る話を必ず何かしてくれて、その人がどんな人なのかを短時間でわからせてくれる。しかも、そういう人ほど、相手の（つまり、こちらの）情報をうまく引き出して、何かしらの接点を探し出そうとしてくれるのである。だから、接点が見つかれば、おのずと会話は盛り上がるし、そこから単なる出会いというもの以上の新しい関係性が生まれるのである。そして結果的に自然な形で人脈が増えていくのだ。

それは、ちょっとしたスピーチでも同様だ。与えられた時間内に、その場にいる人たちがどんな人で、どんな内容の話が求められているのかを察知して、それにふさわしい話をすることも技術であり、能力であり、センスである。話す時間が長すぎたり、ピントはずれで場がしらけたり、聞き手の反応も感じ取れずに、ただ一方的に話をしていたり……、そういう人が往々にしているが、自己紹介と同じく、スピーチの場合も、うまい人はうまいのである。

センスによるところも大きいが、私は、日ごろからの意識と訓練だと思っている。「一期一会《いちごいちえ》」という言葉があるように、出会いの場、自分をアピールする場をいかに真剣に考えるかということに尽きるのである。

自己紹介をバカにする人に、成功はない

私が、16年間働いてきたリクルートという会社は、毎日がその真剣勝負の場だったような気がする。朝礼では、何日かに一度は必ず、順番でスピーチの時間が回ってくる。その場を盛り上げられなかったり、場が読めずにしらけさせたりすると、即座にブーイングである。その代わり、ツボにはまったスピーチには、これ以上ないくらい大きな反応で応えてくれる。

会議でも、「発言しないヤツは、参加する意味がないので、会議室から出て行け」主

義で、参加するからには、アルバイトの学生であろうが、入社初日の新人だろうが、何かしら必ず発言が求められる。そこもまた自分の考えや思いをどれだけ伝えることができるかの真剣勝負の場なのである。

それくらい鍛えられると、最初は恥ずかしがったり、緊張しやすかったり、口下手だったりした人も、その人らしさを失うことなく、うまく自分を伝えることができるようになるものだ。要は、どれくらい真剣勝負の場に身を置くことができるかであり、センスが磨かれるかどうかは、慣れと場数、つまり経験なのである。

初対面の場で人のハートをつかめないような人は、ビジネスの世界では決して成功はしない。いや、ビジネスの世界以外、たとえばスポーツやアートの世界でも事情は変わってきている。かつては無口で無愛想で不機嫌でも構わないと思われてきたアーティストやスポーツマンでさえ、ビジネス感覚が問われてくる。現代美術家で、日本におけるポップアートの代表者である村上隆氏が書いた『芸術起業論』（幻冬舎）という本がロングセラーになっているように、アーティストといえども、ビジネス感覚を持たなくてはならない時代なのである。

人と人との関係で仕事を進めることを前提とした世界では、初対面の第一印象というのは1回こっきり、後で取り返しがつかないものだからこそ、何をおいても真剣に自分自身を意識して伝えようとしなくてはならない。

一瞬にして「ID野球」を選手に浸透させた話術

スポーツマンでさえビジネス感覚が問われてくると言ったが、初対面の挨拶で、選手の気持ちを一瞬にしてつかんだプロ野球の監督がいる。野村克也監督（現・楽天イーグルス）である。普段は無愛想で不機嫌かもしれないが、野村監督のスゴさは、その時その場で何が一番大切かという本質が見えていることだろう。野村監督は、現役時代から今に至るまで、ユニークなエピソードに事欠かないのだが、ヤクルトスワローズの監督に就任した1990年の、選手たちとの最初の顔合わせの場での挨拶の逸話が、私は最も好きである。

その場で、野村監督は開口一番、選手たちにこう質問したそうである。「野球の基本中の基本は、ボールカウントだが、それは何種類あるか？」。これには、選手の誰ひとりとして即座に答えられなかったそうである。「バカモン！ お前ら何年野球をやっとるんや！ そんな基本も知らんで」と呆《あき》れて（もしくは、呆れたふりをして、だろうと思うが）、黒板に、0―0（ノーストライクノーボール）から、2―3（ツーストライクスリーボール）まで、12種類のボールカウントを書いたそうである。その上で、「じゃあ、この中で、バッターに有利なカウントと、ピッチャーに有利なカウントは、それぞれどれか分類してみろ」と、再び選手たちに投げかけたのだ。

選手たちが身を乗り出して、真剣な目つきになったのは言うまでもない。当時、長年Bクラスに甘んじていたヤクルトスワローズを引き受けた野村監督は、勝負弱く負けグセのついた選手たちに対して、データを重視するという意味の「ID野球」（IDは、Import Data を意味する造語）を掲げて、チームの改革を図ろうとしていた。この最初の挨拶は、その所信表明であり、選手たちをその気にさせる大切な場でもあったのだ。それを知っていて、野村監督は、選手たちが関心を持つであろう最も身近で具体的な話から始めたのである。

これこそが、私が野村監督をスゴイと思う所以《ゆえん》であり、初対面の相手に自分をきちんと伝えることに真剣になりなさいということなのである（補足ではあるが、「ＩＤ野球」を掲げた野村ヤクルトスワローズは、３年目にリーグ優勝、４年目に念願の日本一を果たしている）。

「富士山の高さと同じ」という最強のキャッチフレーズ

プロ野球の話をした流れで、これも、私がよく具体的なケースとして取り上げるのだが、キャッチフレーズによって、オンリーワンの存在を獲得した人の話である。

富澤宏哉さんは、過去、現在を通じプロ野球界では有名な審判員のひとりである。そして、富澤さんをことさら有名にしているのが、その肩書きだ。彼が紹介されるときは、必ず「プロ野球の審判員として、引退するまでの通算出場試合数は３７７６試合。富士山の高さと同じ回数の審判をした富澤宏哉さんです！」というキャッチフレーズが使われるのである。

「富士山の高さと同じ」という表現は、日本人なら誰でも、おもわずひれ伏してしまいそうになる。水戸黄門の葵《あおい》の紋章と同じくらい威力のあるものだ。３７７６回という数字がどの程度すごいのか、一般的な審判員と比較できなくても、「富士山の高さと同じ」ということで「とにかくすごいんだろうな」という印象を与えるからだ。

富澤さんがどこまで意識したか知るよしもないが、キャリア・デザインの観点から考えて、私が声を大にして言いたいのは、３７７６回という区切りできちんと審判員を辞めたということなのである。３７７５回でもなければ、３７７７回でもない。ましてや３８００回でも４０００回でもなく、３７７６回キッカリで自分の審判員人生に終止符を打ったという事実に、私たちは富澤さんのキャリア作りのセンスを感じるべきだろう。

審判員を辞め、引退した後の人生でも、「富士山の高さと同じ」というキャッチフレーズで、富澤さんは「とにかくすごい審判」という評価を獲得し続けているのだ。数字だけ考えれば、３８００回や４０００回のほうがすごいに決まっている。しかし、周囲に対する伝わり方の付加価値でいうと、圧倒的に「富士山の高さと同じ３７７６回」のインパクトのほうが大きいのである。

これも、キャリア・デザインというものを考える上で、重要な戦略ということなのだ。誰にとっても印象的な数字である３７７６回をけじめにすること。その意識こそが、自分のキャリアを戦略的に作り上げるということにほかならないのである。

ユニークさとインパクトを

私の知人の中にも、素晴らしいキャッチフレーズを持っている人たちがいるので、紹介しよう。いずれも、ユニークさとインパクトに突出している。

テレビのバラエティ番組で大活躍の売れっ子放送作家の安達元一さんは、「視聴率200%男」の異名を取っている。代表的な担当番組は、「ガキの使いやあらへんで」「SMAP×SMAP」「ぐるナイ」などである。放送作家として20年近いキャリアを持つ彼は、ある時期に、タモリ、ビートたけし、明石家さんま、とんねるず、SMAP、ダウンタウン、ウッチャンナンチャン、ナインティナイン、みのもんた、所ジョージらの有名タレントの番組を同時に担当していたことがあった。

「視聴率200%男」と呼ばれるようになったのは、1週間で作家として担当した番組の全視聴率を合計すると、200%を超えたからだ。安達さんは、『視聴率200%男』というキャッチフレーズそのものの本を出版しているから、このキャッチフレーズは、優れたマーケティングセンスの持ち主である彼自身が、自分につけたのかもしれない。20%を超えれば、すごいと言われる視聴率の世界で、その10倍の200%なのだから、やはり圧倒的なインパクトを持つキャッチフレーズである。自分の担当している番組の視聴率を全部足してみようという発想と、それをうまくセルフプロモーションにつなげようという貪欲《どんよく》さ。そういうちょっとした意識こそが大切なのである。

「夜景評論家」という肩書きを商標登録までして自分のキャッチフレーズにしたのは、美しい夜景の写真と見どころの解説で構成された『東京夜景』シリーズで有名な丸々もとおさんだ。実は彼は、10年以上前から、夜景についての薀蓄《うんちく》を語らせると右に出るものはいないという存在だった。すでに、『東京夜景』というタイトルの本はシリーズで何冊も出版されており、夜景スポットを紹介する本としては類似本の追随を許さない、非常にクオリティの高いものだった。

本人が「世界でただ一人の夜景評論家」と名乗るだけあって、雑誌の特集やテレビの情報番組などで夜景が取り上げられるときには、必ず彼に声がかかる。そして、それらの仕事を通じて、彼自身、またさらに新たな情報を仕入れることができるのだ。つまり、仕事が次の仕事を呼び込み、ますますその道の専門家という立場を不動のものにしていく。プラスの循環とはこういうことだ。だからこそ他の追随を許さないのである。

丸々もとおさんは、「夜景評論家なんて、誰も思いつかなかっただろうし、誰も名乗らなかった。だから、名乗った者勝ちだと考えたんです。そもそも評論家なんて誰でも名乗りさえすれば、なれるんだから」と語ってくれた。「夜景」という分野に目をつけて、その研究をし、情報を集め、専門性を高めた丸々さんの戦略が見事に成功を収めたのである。ちなみに現在、丸々さんのところには国内だけでなく海外からも声がかかっているようだ。

確かに、評論家には誰でもなれる。評論家という名刺を作って配っても、誰も文句は言わない。しかし、誰でもなれるからこそ、本当にその道の第一人者になろうと思えば、狭い分野を選ぶ必要があるということだろう。映画評論家の世界もそうかもしれない。１００年を超える映画の歴史がある中で、これから漠然と映画評論家と名乗っても、オンリーワンの存在などにはなれやしない。しかし、イラン映画評論家やブラジル映画評論家なら、これからだって十分にその道で専門家になれるチャンスはあるかもしれない。

「iモードの母」はキャッチフレーズ作りの天才

この章の最初で、リクルートという会社で自己アピールの仕方を鍛えられたという話をしたが、リクルートのＯＢには、キャリア・デザインのプロ、セルフプロモーションのプロがいて、至るところで活躍している。挙げていくときりがないので、身近な人を数人だけ紹介しよう。

私が「週刊ビーイング」の編集長を務めていたときに、隣の編集部で「とらばーゆ」の編集長だった松永真理さんは、その後、ＮＴＴドコモに転職。転職情報誌の編集長自らが転職して、世間をあっと驚かせた。一見、まったくの畑違いだと思われるＮＴＴドコモへの転身だったが、実は、当時のＮＴＴドコモは携帯端末をいかにインターネットと融合させていくかということに腐心しており、消費者から実用的に使ってもらえるコンテンツの研究を始めていたばかりだったのだ。本人いわく「機械オンチ」の松永さんは、携帯電話の仕組みなどは、さっぱりチンプンカンプン。しかし、開発サイドでは抜け落ちがちな利用者の視点を絶対軸に、送り手の発想ではなく受け手の発想で、この事業に取り組んだ。

そこから生まれたのが「iモード」なのである。その後の携帯端末による「iモード」の急速な普及は、ここで改めて説明するまでもないだろう。その成功のおかげで、松永さんは、今でも必ず〈iモードの生みの親〉とか〈iモードの母〉というキャッチフレーズで呼ばれるようになっている。

このキャッチフレーズは、自身でつけたものではないだろうが、実は松永さんは、キャッチフレーズやコンセプトを、誰にもわかりやすく、しかもインパクトのある言葉で表現することにかけては天才と言ってもいいほどのセンスの持ち主なのだ。

まだ「iモード」が開発途中だったときに、私にこんな話をしてくれたことがあった。

「実はね、〝持ち運び〟文化の波は、10年おきにやってくるの。ウォークマンの登場が1979年、ゲームボーイが1989年、iモードは1999年。ウォークマンは音楽を、ゲームボーイはゲームをどこでもいつでも持ち運びできるようにした。iモードはインターネットを、いや、あらゆる情報を持ち運びできるようにするのよ。iモードは『モバイル3兄弟』の三番手として必ず大きな波になるから」と。ちょうど『だんご3兄弟』がはやっていたころのことだ。

松永さんはこんな発想ができる人なのである。難しい話を難しく言うのは実は簡単なことだ。だが、誰にでもわかりやすい言葉で伝えるという、本当は大変難しいことを、あっさり超えてしまうのがスゴイところだ。

第一章の中で、場所が変われればオンリーワンの存在になれるという話をしたが、松永さんは、NTTドコモでは、おそらくそういう存在だったはずである。ガチガチの技術者集団の中で、技術はまったくわからないが、使う側（消費者）の気持ちは誰よりわかるという存在。そこでは技術者の人たちとの熾《し》烈《れつ》な戦い（議論）があったそうだが、そういう状況を予想できた上で、たったひとりで飛び込んだ松永さん、招き入れたNTTドコモ、その両者の勇気が日本最大の革命的開発と呼ばれるモバイル・インターネット・サービスの成功を生んだに違いない。

自分の物語をドラマチックに語る

自分のことを、「リクルートを辞め、ヤマメの養殖で資金を作ってMBA留学し、クリスマスツリーで失敗した男」と、必ずどんな自己紹介の場でも話しているのは、大塚寿さんだ。現在は、マーケティングのコンサルタントであり、起業して、オーダーメイドの企業研修を企画・運営するエマメイコーポレーションという会社の代表取締役である。著書に、『リクルート流』『転職力』『オーラの営業』などがある。

彼は、リクルートの通信関係のセクションで、非常に優秀なトップ営業マンだった。入社前から、「起業して社長になる」と公言。実際に、その目的のためにMBA留学を考え、受験勉強のかたわら留学の資金稼ぎで、ヤマメの養殖を始めたのである。また、それと並行して、クリスマスツリービジネスを開始した。ツリー用の苗を買い集め、東京ドームほどの広さの土地に植えたのだ。しかし、MBAホルダーとして帰国したときには、日本はバブル崩壊の直後。世の中はクリスマスどころではなくなっていた。ツリーの商機は年1回で、それを逃してしまうと、次のチャンスの1年後には、木は大きく成長してしまい、売るに売れないのだった。

そんなわけで、キワモノビジネスの怖さを経験した大塚さんは、冒頭のキャッチフレーズをどんな場でも使い自己紹介している。このキャッチフレーズも、一度聞いたらなかなか忘れないものだし、やる気はあるけど少しおっちょこちょいで憎めないユニークな人柄をうまく表現する内容になっている。

「リクルート出身のトップ営業マンでMBAホルダーの男」では、確かにすごいと思わせるかもしれないが、面白みと印象度では、「ヤマメの養殖&クリスマスツリーで失敗」のほうに断然軍配が上がるはずだ。

「とらばーゆ」「フロム・エー」「エイビーロード」「じゃらん」「ゼクシィ」など、〈リクルートで14の情報誌を立ち上げた創刊男〉くらたまなぶ（倉田学）さんも、キャッチフレーズで人の気持ちをつかむのが上手な人だ。

くらたさんは、起業の3条件として、「ロマン」（夢、世のため人のためになるか）、

「ソロバン」（金、稼げるか、儲かるか）、「ジョーダン」（愛、楽しいか、面白いか）を挙げている。このあたりがくらたさんのバランス感覚なのだが、新しい雑誌を立ち上げるときに、新規事業のスタッフたちに、「今期は、ロマン2、ソロバン7、ジョーダン1で行きまーす！」などと宣言して、みんなを方向づけし、鼓舞していたという。

新規事業の立ち上げというのは、いろんな部署から人が集まってくるから、いきおい寄り合い所帯になりがちだ。そういうときにこそ、印象的なキャッチフレーズによって全員の共通言語を作り、全体の意思統一を図ることが求められる。くらたさんの考えた「他人マーケティング」や「カッコイイ大風呂敷と地味な一歩」などの言葉も、そういう背景から出てきたものだろう。

雑誌のタイトルをつける名人でもあったくらたさん、ご自身の会社名は、「株式会社あそぶとまなぶ」。習い事&学び事の情報誌『ケイコとマナブ』をもじった会社名だが、そんなところにも、遊び心がありながら、きちんとそのコンセプトを伝えるという手法が表れている。

名刺も作り方次第で大きな武器に

名刺に〈酔っぱライター〉と書いてあるのは、江口まゆみさんだ。ライター兼編集者だった彼女は、酒好きが高じて、世界の各地を旅行する酒飲みツアーを敢行し（実態は、あてもなく酒を求めての一人旅、または二人旅らしいが）、その旅行記を、『女二人東南アジア酔っぱらい旅』『チリ・ペルー・ボリビア酒紀行！』『酔っぱライター南部アフリカどろ酔い旅』『ニッポン全国酒紀行』『ニッポン酔い酒・飲《や》れる酒』など何冊も本にして出版している。

世界の地酒を飲み歩く旅をライフワークとし、酒飲みの視点から、酒、食、旅に関するルポやエッセイを手がけ、これまでに旅をした国は20カ国以上、訪ねた日本酒、地ビール、地ワイン、焼酎の蔵は１００カ所以上にのぼるという。

酒紀行家という肩書きも持っているが、なんと言っても、わかりやすくインパクトがあって、名刺を渡した相手が必ず「何ですか？　これ」と尋ねてくるのが〈酔っぱライター〉だ（あえて尋ねなくても予想はつくけれど……）。実際に、江口さんは、利酒師やビアテイスターの資格も持っており、世界利酒師コンクールの上位６人に選ばれたほどだ。

「最近では、お酒関係以外の仕事の依頼がなくなった」というのが、目下の悩みの種らしいが、これだけの専門性を持っていれば、贅沢な悩みかもしれない。


株式会社フォスターワン代表取締役社長の坂上仁志さんの名刺には、「中小企業の『1位作り』の企業参謀」という肩書きが書かれている。もうひとつ別のキャッチフレーズは、「わずか3年で日本一の会社をつくった男」である。

大学卒業後、大手製鉄会社に入社し、南アフリカに駐在した経験があり、その後、人材コンサルティング企業に転職し、トップセールスマンとして活躍。ベンチャー系人材企業の専務取締役などを経て、現在の会社を起業したという経歴の持ち主だ。

ベンチャー系人材企業では、ゼロから会社を立ち上げ、3期目で数億円の利益を出し、特化型人材派遣会社の分野では事実上の日本一企業となった。今は、その実績をもとに、講演やコンサルティングを行っている。主には、売上10億円以下の中小企業がコンサルティングの対象で、「フォスターワン」とは、1を育てるという意味で、社名がそのまま彼の戦略を表しているのだ。

坂上さんの講演テーマは、「わずか3年で日本一の会社をつくる方法」「小さくても日本一のエクセレントカンパニーになる」「特化することによるオンリーワン、ナンバーワン戦略で高収益の顧客創造」などで、主な著書として『日本一わかりやすい会社のつくり方』がある。また、「会社を作り、日本一にして、100年以上続ける」を一貫したテーマとし、老舗企業を数十社インタビューし、その卓越性や継続性の秘訣を研究している。

坂上さんの場合、キャッチフレーズなどで使っている言葉が、中小企業の経営者なら誰でも気になるキーワードになっているところがミソである。自分のキャリアの中で、世の中に役立つ部分に集中して磨きをかけ、それを広く伝えていくところなど、まさにセルフプロモーションのお手本とも言える人物ではないだろうか。

自分をひとことで語ることのできるキャッチフレーズ。その重要性を理解していただけただろうか。このように、自分自身のキャッチフレーズを持つことは、自分をプロモートする上でも、とても大切なことだ。また、人脈を築く上でも、初対面でいかに自分に対して好印象を持ってもらえるかが、ポイントになってくる。

読者のみなさんも自分の経験を整理して、キャッチフレーズを考えてみよう。「視聴率200%」や「富士山の高さと同じ」のような、何か数字に落とし込めるようなものを、今までの経歴の中から探してみるのもいい。「夜景評論家」や「酔っぱライター」のように、得意な専門分野から考えてみるのもいいだろう。

自己紹介に必要なのは、自分自身がストレートに伝わるような何かである。そこにドラマがあり、物語（ストーリー）があれば、言うことはない。「クリスマスツリーで失敗」のようなマイナスの話でも、物語になってしまえば、ドラマチックに相手に伝えることができるのだ。

3年後、10年後の自分を想像して、理想とするキャッチフレーズを考えてみるのも楽しいかもしれない。そして、それが思いつけば、そうなれるように努力すればいいのである。

給料氷河期のキャリア・デザイン 法則4

自分自身の物語をキャッチフレーズにして、印象づけよ

ビジネスの世界で成功しようと思えば、自分を多くの人たちに理解してもらうことが何より大切になる。とりわけ第一印象は大きなポイントだ。短い言葉で自分をもっとも表現できるキャッチフレーズをいつも考えておこう。そこに、自分らしい物語（ストーリー）があれば、言うことはない。

第五章 「夢は〝いつか〟かなえばいい」と思っていないか？

目的がなければ行動できない。行動しなければ実現はない

ビジネス書や人生論などを読むと、必ずと言っていいほど、「夢を持つこと」や「目標を持つこと」の重要性が書かれてある。これは人間が生きていく上での原理原則ともいえる考え方で、あまりにも当たり前すぎるから、読者のみなさんは、「それくらいのこと、改めて言われなくても、わかってるよ」と思われるかもしれない。しかし、そのことを本当に理解した上で日常生活を行動しているかというと、自戒も含めて言うならば、反省することも多いのではないだろうか。

この章では、「夢を持つこと」「目標を持つこと」、さらには「それを達成すること」がどういうことかについて、具体的な話をしたい。この本のタイトルでもある年収1000万円とは少し離れてしまうかもしれないが、キャリア・デザイン云々《うんぬん》以前に、まずはその前提となる話をさせてほしい。これは、人はなぜ何のために生きていくのかという、人生の根本的な問題にかかわってくるからだ。

ただ、難しい話をしているわけではない。「夢を持つこと」、つまり、目標を持つとい

う行為は、実は私たちの日常の中にあふれている。いや、むしろ私たちの日常は、その連続の上に成り立っているのだ。

「願わなくてはかなわない」というのは真実である。そして、願ったことをかなえるためには、行動をしなければ、決して達成できない。これもまた真実である。

「次の夏休みには、どこに行こうかな」と思いながら、結局どこに行きたいかを明確にできなければ、どこにも行けない。ましてや、どこかに行きたいと思わない人は、絶対にどこにも行けない。どうしようかなと迷って何もしなかった人が、「結果的にハワイに行けちゃいました」なんてことは絶対にあり得ない。

みなさんにも経験があるだろうが、どこかに旅行に行って充実した時間を過ごしたときと、何もしないで消化不良のまま休みが終わったときとでは、一体何が違ったか？それは切実にそう願ったかどうかの違いなのである。「なあんだ。そんなこと？」なんて言わないで聞いてほしい。

どこかに行ったときは、強く「そこへ行きたい」と願ったはずである。そして、それを実現するために、行動したはずである。……インターネットで行き先を検索する。飛行機の空席状況を調べる。ホテルの空き具合を問い合わせる。旅行代理店に電話をする。もし那覇行きの便が満席だったら、目的地を石垣島に変更してみる……。そんなことを繰り返しながら、旅行の手配をしたはずだ。

何がなんでも沖縄に旅行したいと願えば、まずは旅行の計画を立てて、次には、それを実現するために具体的な行動をする。そして、実際に沖縄に行く。当たり前の話で、それだけのことだ。しかし、当たり前のそれだけのことだが、それだけのことをやるかやらないかで、結果的に大きな差が生まれる。

繰り返すが、「夏休みにどうしようかなと漠然と思ってたんだけど、たまたま沖縄に行けちゃいました」なんて人は絶対にいない。「何も考えていなかったけれど、彼氏が沖縄旅行を手配してくれました」というラッキーな人はいるかもしれない。だが、それはたまたまラッキーだっただけであって、自分の意思で行動しなければ、次にもまたそのラッキーなことが起きるかどうかはわからない。段取り上手な彼氏と別れてしまえば、次の夏休みにはどこにも行けない人になるだけだ。

そして、もちろん目標が大きくなればなるほど、それをかなえるための行動にはそれ相応の努力が必要になってくる。沖縄旅行が、近くの遊園地になるか、ニューヨークのブロードウェイ見学になるかでは、難易度も違ってくる。ただし、どこに行くにせよ、根底にあるのは、結局そのことを切実に願うかどうかであり、その実現のために具体的に計画を立てて、真剣に行動するかどうかだけなのだ。漠然と「こうならないかな」とか、「ああしたいなあ」と思っているだけでは、目標を持っているということにはならないのだ。

具体的な目標を持つこと。そしてそれを実現するべく願い、行動すること。当たり前のことだが、これがまずは基本的な原則なのである。

年に3回、海外旅行する人としない人の違いは何か？

旅行の話をしたので、もうひとつ具体的な話をしよう。

私の知り合いのAさんは、毎年必ず3回、海外旅行に行っている。ゴールデンウィーク、夏休み、それからお正月休みである。しかも、そのうち1回は必ず10日以上の長期休暇を取ることにしている。といっても、Aさんはお金持ちの自由人ではなく、ごく普通の会社の営業マンだ。
なのに、彼はなぜそれが可能なのか？　それは、ただ単に彼がそう決めているからである。「自分は年に必ず3回、海外旅行をする」という目標を立てて、必ず実行しているからである。

特に年末年始は、期末のタイミングだから営業担当にとっては、目も回るほどの忙しさのはずである。しかし、彼は早々に目標予算を達成し、少し早めの有給休暇を取得する。結果を残さなければ、上司をはじめ、周囲からいろいろと言われるだろうが、期待以上の業績を挙げているのだから、誰も文句など言わない。いや、言わせないのである。

そして、ひとつの旅行が終わると、今度は次の休みの計画を立てることになる。本人いわく、「当然、旅行に行くのも楽しみなんですけど、どこに行こうかなと事前に予定を組むのが、本当は一番ワクワクするんですよね」。旅行から帰ると、そそくさと手帳とにらめっこしながら、次の休みの日程を組んで、必要な予算をはじき出し、旅行を実行するために具体的な行動をする。

そのことを、「いいなあ。お前いつも旅行に行ってさあ」と羨《うらや》ましがる同僚たちは多い。しかし、だからといって、Aさんのように行動する人は少ない。本当にAさんのようにしたければ、そうすればいいだけである。しかし、羨ましがるだけで、行動しない人は決してそうはならない。繰り返すが、そうしたいと思えば、そのための目標を立てて、具体的にどうすればいいかを考え、そのために努力し、行動するだけのことだ。


何かをやっている人、成し遂げている人は、それができているだけのことであり、何もやれていない人は、それをしてないだけのことである。

「何かいい話はありませんか？」「何か新しいことをやりたいんですが、どうしたらいいですか？」などといつも言っている人がいるが、言うだけではいつまで経っても何も起こらない。

自分なりの目標を掲げ、それに全力でぶつかるところからしか、可能性は生まれないのだ。たとえエネルギーがあり余っているような人でも、目標がなければ、それを使うことができない。人間は、目標があって初めて目的地に向かうことができ、目的地に到着することができるのだ。

納期のない夢は、絵に描いた餅より価値がない

この章の冒頭で、日常の生活も、実は目標を持つことの連続線上にあると言った。オフィスで過ごす一日も、目標のあるなしで、ずいぶんと違ったものになってくる。たとえば、会社で、朝のうちにその日に何をするかが整理されていないとしたら、目標があいまいな状態だということだ。

ではどうしたらいいかというと、まず、やるべきこと、やらなくてはならないことを箇条書きにして、いつまでにやらなくてはならないかの納期を書き加えることだ。いわゆる「Things to do」リストというものだが、それを優先順位の高い順にこなしていけば、一日一日を充実させて仕事を終えることができる。この整理ができていない人は、目の前の仕事に振り回されて、結局大事な仕事を後回しにしたり、抜け落ちて失敗したりすることになるわけだ。

目標を持つことの重要性を説くときに忘れてはならないのが、この納期である。「いつか」というのは、納期ではない。「いつまでに」を設定することが、目標を現実化する第一歩になる。1週間後なのか、1カ月後なのか、1年後なのか、3年後なのか、そういう設定なしでは、目標というものは絵に描いた餅以下の存在である。

夢という言葉は、なんとなく漠然とした、手の届かないもののような印象を与え、「いつか」がふさわしいように感じる言葉だが、実は、夢というものこそ、日常の連続の上に成立するものなのだ。

スポーツの世界でも一流と言われる人たちは、子供のときから、それこそ血のにじむような練習を日々積み重ねてきているし、どんな偉大な作家といえども、毎日毎日少しずつ原稿用紙のマス目を文字で埋め続けなければ、小説というものは完成しない。語学にしても、資格にしても、何かをものにするには、一夜漬けでは手に入れることができない。夢に納期という時間を刻み、それに従って日常を行動することが、夢を達成することにつながるのである。

結局やるべきことをやれるかやれないかは、日々をどういう意識で過ごすかということにほかならないのだ。その一日の課題を整理し、その目標にまずは全力で取り組む。そして、それをクリアし続けてこそ、夢が実現するというものだ。

「あなたの夢は何ですか？」に即答できるか？

あるベンチャー企業の社長が、こんなことを言っていた。

その会社の採用試験では、必ず社長自身がじきじきに面接をするそうだ。それなりの数の応募者が受験するらしく、社長業をやりながら、それだけの面接をこなすのはさぞかし大変だろうと思うと、「簡単ですよ。欲しい人かどうかを見抜くのは」とのこと。

その秘訣を尋ねると……。

その社長は応募者に対して、まず「あなたの夢は何ですか？」と聞くことにしている。そう聞かれて、すぐに自分の夢を答えられない人は、その時点でアウトらしい。日々を目的もなく、漫然と生きているような人には、エネルギーも人間的な魅力も感じないそうだ。そんな人が、ただでさえ忙しく厳しいベンチャー企業で勤まるわけがないというのが、その理由である。

そして、夢を具体的に答えてくれた人に対しては、次に「その夢は、何年後に実現できますか?」と尋ねるそうだ。そこでまた、期限を答えられなかった人は、アウト。「いつか」ではなく、「いつまでに」がなければ、夢想家と同じだというのだ。応募者の約半分は、そこまでの段階で脱落するらしい。

さらに、夢の期限を答えられた人の中で、5年とか10年とか、3年以上かかると答えた人には、社長は、「3年以内にその夢を実現するとしたら、何が必要になりますか?」と畳み掛けるのである。すると、やはり半分は答えられなくて、脱落。

で、そこまで答えてきた人に、最後に、「では、そのために今年何をしようと思っていますか? そして、それは、うちの会社で働くことに合致しますか?」と問うそうである。

それにきちんと答えてくれれば、合格。10人に1人くらいまで絞れるそうである。その話を聞いて、「なるほど、これはわかりやすい面接だ」と思った覚えがある。

その社長が言うには、「時間に甘えを持っている人は、なかなか物事を成し遂げられないんですよ。それは、日常の仕事でも同じです。10年後、20年後の夢は誰でも語れます。もちろん夢を持つこと自体も大切ですが、それ以上に重要なのは、その夢を現実化するための能力とモチベーションなんですよ」と。

これも、ある人の言葉だが、「お金で買えないものは、健康と人の心と時間である」と。確かに、どんな大金持ちだって時間は買うことはできない。すべからく時間は万人に平等なのである。しかし、時間の使い方には、大きく個人差が出てくる。時間や納期に甘える人と、厳しい人とでは、目標に対する現実の度合いが違ってくるということだ。

この章でも、明確な意志を持って目標を実現させた人を二人紹介しよう。

目標とその期限を公言することで、自分を追い込む

ひとりは、夢の実現のため、具体的に3年という期限を決め、そのことを周囲に公言し、見事に果たしたKさん（25歳）である。

話は4年前にさかのぼる。見る人たちを元気づけることのできる映画の仕事に携わりたいというのが子供のころからの夢だった彼女は、大学4年の就職活動時に、映画業界のことを調べれば調べるほど、絶望的な気分になっていた。

Kさんが扱いたいミニシアター系作品を配給する洋画の配給会社は、どこも規模の小さな会社ばかり。人材を公募している会社など皆無で、稀《まれ》にあったとしても経験者を対象とした中途採用でしかなかった。新卒者にとっては、狭き門どころか、門が閉ざされていることに気づいたのである。

気持ちを切り替えたKさんは、就職先のターゲットをまったく別の分野の企業に定めた。「まずは、どこでも通用するビジネススキルを身につけようと、どこよりも早く一人前になれそうな会社を探しました。そうすれば、3年後には、業界は未経験でも、職種で即戦力になっていれば、映画会社で採用の可能性があると信じたからです」。

つまり、汎用《はんよう》性の高いビジネススキルを身につけてから、3年後に再び映画業界の門を叩くことを心に決めて、就職活動を一からやり直したのである。Kさんが汎用性の高いビジネススキルと見定めたのが、企画力と営業力だった。どんな職種においても、企画と営業の要素は含まれるし、その能力が求められるはずだと考えたのだ。

彼女は早速、急成長している情報サービス会社をピックアップ。平均年齢が若く、新人だろうと大きな仕事を任せてくれるという社風に、ピンとくるものがあった。エントリーシートを送ると、トントン拍子に複数回の面接を突破し、内定を手にした。まずは、計画の第1ステップをクリアしたのである。

入社すると、さっそく、医薬品メーカーに対するネット情報提供サービスの企画業務を任された。望みどおりの仕事だった。商品情報とマーケットデータをもとに、ゼロからアイデア勝負で発想豊かに考えていく。企画の仕事の面白さをいきなり学ぶことができたのだ。

2年目には、化粧品情報サイトを運営する部署に異動。化粧品メーカーを対象とする提案営業の営業マンに命ぜられた。独自に考えたプランを企画書にまとめては、数十社のクライアントを回って受注を獲得する仕事だ。早いサイクルでの異動も願ってもないことだった。

営業で身についたのは、誰とでもうまくやるためのコミュニケーション力。それから数字に強くなったこと。さらには、結果を出すためには、ひとつではなく複数のプロセスから答えを導くという習慣がついた。この時期は、目標額もそれなりに大きかったが、達成するまでのプレッシャーや緊張感すら、楽しみに変えられたという。

希望どおりの企画職と営業職で、普通なら5〜6年はかかるであろう経験をわずか2年でこなし、それなりのレベルまで自分の力を高められたのだから、Kさんの企業の選択眼は間違っていなかったのである。これで計画の第2段階もクリアしたことになった。

Kさんの話を聞いていて面白かったのは、周囲にはばかることなく、「自分は3年経ったら、映画業界に転職する」ということを公言していたことだ。それを受け入れる企業の懐の深さにも感心するが、彼女は、「周囲に公言することで、逃げ場をなくしたんですよ。自分を甘えさせないためにも、3年以内という目標をあえて言ったんです」。

そして、入社3年目の夏、ミニシアター系の良質な作品を供給し続けている独立系の洋画配給会社による営業職募集の求人広告を見つけ、計画よりも半年早かったが、具体的な行動に出ることにしたのだ。

書類を送ると、早速面接の案内がきて、いきなりの役員面接。2年半の間に身についいたビジネススキルについて話をすると、思惑どおりそこが高く評価され、狭き門ながら見事に合格。3年越しの夢を果たしたのである。後から聞くと、500人を超える応募者の中から、選ばれたそうである。入社後は、DVDの販売部門の営業担当を経験し、今では希望どおりの宣伝担当の仕事に就いている。

35歳までのキャリアチェンジを30歳で計画

そして、もうひとりが、〝35歳まで〟という区切りを目標に行動して、希望の仕事を手にしたSさん(36歳)である。

2年前まで、彼は企業のリサーチなどを行う調査会社の営業マンだった。営業部の中では中堅的存在だったSさんは、先輩のベテラン営業マンと比べても、年間の目標額がそれなりに大きく、会社からの期待も高かった。しかし、毎年目標額は大きくなっても、仕事そのものに将来の広がりが感じられず、いまひとつ仕事に情熱を持ち続けられない自分がいた。

「このままでは、いずれ壁にぶち当たるだろうと思っていました。35歳までに次のステップを探さないと、自分がこぢんまりとまとまっちゃいそうで、すごく不安になったんです」

30歳を過ぎたころからキャリアチェンジの機を窺《うかが》っていたらしい。Sさんの希望は、人材ビジネスだった。人間相手の仕事は奥が深そうで、自分ももっと成長できそうな予感があったのだそうだ。転職情報誌などで求人を探していたが、募集している企業は多いものの、ピンとくる会社はなかった。営業マンとしてゼロからスタートすることも考えたが、30歳過ぎで新卒者たちと一緒に研修を受けるような扱いで入社するのは避けたかった。今までの自分のキャリアをそれなりに評価し、買ってくれそうな中途採用の募集が現れるのを待っていたのである。

Sさんは、学生時代にフランスに留学した経験があり、しかも、そのときに陶器の研究を行っていたという珍しい経歴の持ち主。帰国後の就職活動では、留学していたこともあって新卒者としては年齢が高く、また、専攻分野があまり一般的な学問ではなかったので、それなりに苦労もしたらしい。

そんなキャリアにふさわしい仕事が本当にあるのか……と思っていたら、あったのである。フランスで実施される国際的なイベントに関連して、その運営にあたる人材の管理を一手に引き受けることになった外資系人材企業が、パリ駐在員を募集したのだ。パリに事務所を開設し、運営スタッフの選考から教育、管理までを行う業務である。

「これだ！」と思い、すぐに応募。フランス語が得意で、現地での生活も経験しているSさんは、即採用が決まった。願ってもない仕事だった。忙しいのは覚悟していたが、想像以上にハードな嵐のような日々だったらしい。

前の会社の仕事の引継ぎを終えてすぐに渡仏、赴任すると現地事務所の開設、それからあっという間にイベントの開幕……と、かつて経験したことがないようなめまぐるしさで、睡眠時間も3〜4時間しか取れないような毎日だった。しかし、体は疲れていても、精神的にはかつて経験したことがないほど充実していたという。

イベントが無事に終了すると、お祭り騒ぎのような日常も平穏なものに戻った。任期を全うして日本に帰国したSさんは、そのままその外資系人材企業で、新しく都心に開設する支店の準備室長に昇進、その後、支店長ポストに納まったのである。

「納期のある夢」こそ、なりたいものになるための原理原則

夢に時間を刻むことのできる人とは、こういう人たちのことである。大きな夢を描き、期限を設定し、そのためにどうすればいいかという戦略を立てて具体的に行動し、それを実現させる。言葉で言うことは簡単だが、それをやれるかやれないかで、人生は大きく変わってくるのだ。

Sさんは、希望の仕事に就き、しかもそれなりの地位と1000万円を超える年収を手に入れた。過去の経歴と2年間の特別な経験が、一気に彼のキャリアを押し上げたと言える。もし、単なる営業経験者としてゼロから人材企業に転職していたら、短期間にここまでのポジションは築けなかっただろう。

年収の話が出たので、ここで前述したKさんの場合の話をすると、彼女は転職前と後では、年収が200万円ほど下がってしまった。しかし、それは最初からわかっていたことで、Kさんは、夢を実現するために、お金ではないものを選択しそれに満足しているという。1000万円という価値をどう考えるかは、人それぞれである。その視点に

立てば、彼女はお金に換えられない生きがいのある仕事を手に入れたわけだ。それもまた素晴らしい生き方だと私は思う。

この章では、キャリア・デザインの話以前の、あまりに当たり前のことを説明した。「なあんだ」と思った人もいるかもしれない。「なあんだ」と思える人は、すでにここで書いてあることを理解している人だから、本来なら読み飛ばしていただいてもいい人だったかもしれない。しかし、人間はついつい自分を甘やかしてしまう生き物でもある。

この機会に、改めて〈なりたいものになるための原理原則〉を見つめ直していただくのもいいだろうと思い、真ん中の章にこのテーマを持ってきた。今一度、自分自身に問いかけてみてほしい。

「あなたの夢は何ですか？　そして、あなたはその夢をいつまでに実現しようと思っていますか？」

給料氷河期のキャリア・デザイン 法則5

己れの夢を自問自答して、その目標に納期を定めよ

目の前の仕事に追われて、本来自分が持っている夢や目標を見失ってはいないだろうか。目標もなく漫然と日常をやり過ごしているのは、本当の自分を生きていないことになる。今一度、自分の夢について、「自分はどうなりたいのか」を自問自答してみよう。そして、目標が明確になったら、それに納期を定めよう。

第六章

「横並びなら安心」だと思っていないか？

ベンチャー企業より大企業が安定しているなんて本当？

大企業に勤めている人から、「ベンチャー企業への転職を考えているのですが、大手の企業に比べて、ベンチャー企業って不安定だということはないですか？」というような質問を受けることがある。

私は、やや意地悪な感じで、こう答えることにしている。「安定だけを求めるんだったら、ベンチャー企業への転職は考えないほうがいいですよ。ただ、今いる大企業が、将来も安定しているという保証もないですけどね」と。

確かに、ベンチャー企業にはリスクが伴う部分はある。しかし、今は大企業とて容赦なく倒産する時代である。これほど先行き不透明な時代に、何が安心で、何がリスクかなんて誰も予測できない。それくらい日本の企業を取り巻く環境は激しく変化してきているのだ。

大きな利益を出して業績がいいと思われていた巨大メーカーが、たった数年間のうちに赤字経営に転落したり、逆に組織が大きくなりすぎて硬直化した総合商社が、大規模な人員リストラと不採算部門の統廃合で、不死鳥のようによみがえったりする。たったひとつの商品がヒットするかはずれるかで、企業は浮かびもするし沈みもする。経営戦略もしかりである。また、伝統あるブランドメーカーが、内向きの体質ゆえに企業スキャンダルを起こし、消費者から見放されるというケースだってある。いずれにしても、今まで安泰と言われた伝統的な大手企業が、軒並み危機感を持つような状況になってきているのだ。「何もしないことが、安定の秘訣」なんていう時代もあったが、今や、どの業界もどの企業も生き残りをかけて必死にもがいていることをきちんと認識したい。

10年前には、9行あった大手都市銀行の中で、今もまったく同じ名前の銀行は、ゼロである（第一勧業、富士、さくら、住友、あさひ、大和、東京三菱、三和、東海の9行だった都市銀行は、現在、みずほ、三菱東京UFJ、三井住友、りそな、みずほコーポレートの5行になっている）。たった10年間で、これだけ再編が進んでいるのだ。安定企業の代名詞だった都市銀行でさえこの状況なのだから、中小企業やベンチャー企業は推して知るべしである。

安定は不安定で、不安定こそ安定

安定といえば、ある人がこんな面白いことを言っていた。

「安定は、実は不安定。そして、不安定こそが最大の安定なんです」と。もともと、大学の理工系学部で電気工学を専攻してきたMさん（49歳）は、卒業後、大手電機メーカーに就職。理系出身だったのだが、営業部門で頭角を現し、同期の中の出世頭となり、営業部門の部長職に昇進した。順風満帆のキャリアだったにもかかわらず、Mさんは40歳のときにベンチャー企業に転職することを決意。家族の反対にあったり、周囲から不思議がられたりしたが、自分の考えを押し通した。そのときに彼の頭にあったのが、「安定は不安定、不安定こそ安定」という言葉だった。

大型旅客機というのは、気流が安定しているときは、非常に快適な乗り心地である。ただし、気流は常に安定しているわけではない。実際、何かアクシデントがあると、大型旅客機は対応が一番難しいのだそうだ。急旋回、急下降、急上昇などはほとんど不可能とのことである。

逆に、戦闘機というのは、絶えずバランスを取らねばならぬよう、わざわざ意図的に不安定に設計されているということだ。だから、急に気流が乱れたりしても、機動性に優れているから、容易に対応できる。たとえ後方からミサイルが飛んできても、咄嗟《とっさ》の方向転換が可能だというのだ。

つまり、安定であるということは、実は不安定性を生みやすく、反対に不安定な状態に常に身を置いていることこそが、最大の安定性を生むということなのである。これは飛行機に限らず、すべてにおいて当てはまるというのが、Mさんの持論だった。

実際、彼が転職することを告げたときに、その大企業のメーカーは強烈な引き止めをしたそうだが、彼が転職して数年後には、業績悪化のため大規模なリストラを実施したらしい。かつての同僚たちは、転身組の先輩であるMさんに、転職のアドバイスを求めてきたそうである。

Mさんが転職して入社した会社は、その後、株式公開を果たした。今では取締役に就任しているMさんだが、「まだまだ、〝戦闘機〟でいますよ」と、元気いっぱいだ。

このMさんの話は、大企業からベンチャー企業に転職して成功したケースである。しかし、何もベンチャー企業に行くことを誰に対しても勧めているわけではない。何が安定だかわからない世の中だからこそ、常に現状に満足することなく、危機感を持つことが肝要であるということを伝えたかったのだ。

この章の冒頭の話に戻るが、大企業か、安定企業か成長企業か、転職先としてどちらがいいかなどと聞かれても、答えようがないのである。ベンチャー企業が必ず成功するとは限らないし、大企業が倒産しないとも限らない。じゃあ、どうせわからないんだったら、どっちに行っても同じなのかというと、実はそれは同じではない。「そこで何をしたか」「何ができたか」が、さらにその後のあなたの人生を左右するからである。だからこそ、どこを選ぶかを考えるのは難しいところでもあり、結局は自分で決めるしかないのだ。

「赤信号、みんなで渡れば怖くない」でいいの?

日本人というのは、とかく横並びで発想をしがちである、「赤信号、みんなで渡れば怖くない」という古いジョークがあるが、ついつい周りを見てから、自分の判断を決めるところがある。大企業にみんなが行くから自分も行く。転職がブームだから自分も転職する。資格を取ると有利だとみんなが言っているから、自分も資格を取る……などなど。

しかし、私の経験上、ビジネスの世界で成功している人たちは、この横並びの発想をしない人たちである。周りがどうであれ、自分で考え、自分がいいと思ったことを選択し、行動している人たちなのである。

話は少し横道にそれるが、かつてフランクフルトの街を訪れた際に、ゲーテの生家を見学したことがあった。ドイツを代表する詩人であり、作家であり、哲学者であったゲーテは、現在もなお世界中の人たちに影響を与えているのだろう。さまざまな国から老若男女が大勢そこに集まってきていた。

そのとき、たまたま日本人とアメリカ人の修学旅行らしき集団に遭遇した。10代前半と思われる若者たちで、どちらも中学生くらいだったと記憶している。私の目には、二つの集団は非常に対照的に見えた。

日本の生徒たちは、全員お揃いの赤いトレーナーを着ていた。というより、強制的に着せられていたという表現がぴったりかもしれない。なぜなら、私が彼らを眺めていたら、みんな一様に恥ずかしがったからだ。胸に縫いつけられた白い布には名前が書かれており、まるで体育の時間のような格好に、とても居心地が悪そうだった。制服ならまだしも、お揃いのトレーナーでは、それだけでも十分に目立ってしまう。そして、その集団には、先生が常に目を光らせていた。集団のかたまりから少しでも何人かが遅れると、すぐさま先生が注意し、列を乱さぬようにしていた。私は、いかにも窮屈そうな生徒たちに少なからず同情してしまった。

一方、アメリカの生徒たちは、各人が自由な服装で、見学も自分の興味のある場所を思い思いに見ていく感じだった（なぜ、彼らがアメリカから来たのかがわかったかというと、先生らしき引率の中年女性が、雨でもないのに星条旗をデザインした派手なパラソルを手に持っていたからだ）。そして、よくよく観察すると、一見バラバラに見学しているように思えるアメリカの生徒たちも、集団からはぐれまいと、途中途中で必ずその先生の位置を確認しているではないか。みんなから遅れたり、居場所がわからなくなった生徒は、ちゃんと自分の力で全員のいる場所から極端に離れないように心がけていたのだ。

「自由と自己責任の原則」に欠ける日本人

さらに驚いたのは、バスの駐車している集合場所での光景だった。日本の先生は、大声で生徒たちを集め、赤いトレーナーの数を必死に数えながら、バスに乗り込ませていた。アメリカの先生はというと、集合場所で鮮やかな星条旗のパラソルをぱっと開いたのだ。すると、一斉に生徒たちがその場所を目指して集まってきた。私はそこで初めて大きなパラソルの役割を理解し、同時に、日本とアメリカという国の違いを目の当たりにした。

まだ幼い生徒たちの海外旅行における危険回避は当然のことなのだが、日本の場合は常に先生側の視点から、そのことが発想されている気がした。危険を避けるということが先生の責任になっているために、かえって生徒のほうが危険に対して無自覚になっているように思えた。つまり、これは生徒の先生に対する全面依存にほかならない。それに比べ、アメリカの場合は、危険に対する生徒自身の意識が高く、先生側に対する依存度は日本よりも圧倒的に低い。

私はこれらの光景を見て、改めてアメリカという国の「自由と自己責任の原則」の徹底にハッとさせられたのだった。

もしかしたら、日本人は、親切すぎる学校教育の中で、自由にものを考えたり、自分のしたことに責任を持つという訓練をしなくなったのではないだろうか。先生の言うとおりにしていればいいというような姿勢が当たり前になり、自分で考えるという力を失っているのではないだろうか。

話を戻すが、今こそ日本人全体に、本当の意味での自律（セルフコントロール、セルフマネジメント）と自立（インディペンデント）が求められている気がしてならない。今までは、日本社会そのものが、依存型のシステムで運営されており、依存型の教育に慣らされてきた。行政システムしかり、医療システム、安全システム、金融システムなどもしかりである。そうしたものを、人々は信頼し、常に受け身で、与えられた保証に満足していた。それは、多少は窮屈でも、楽な生き方だった。

しかし、今後は、何かに身を任せて自分を預けてしまう生き方ではなく、自分の生活は自分で守っていくという方向へ、社会全体が転換を求められている。これからは、自由な生き方を手に入れることが可能な分、一方で自己責任の原則を受け入れなくてはならないのだ。

今までの働き手は企業に依存しすぎていた。能力開発などの社員教育、ジョブローテーションと言われるキャリアプランは会社任せ。住宅は寮・社宅を用意してくれたし、年金、保険、融資など、本来個人が考えなくてはならないことも、企業が肩代わりしていた。しかし、これらは、あくまで終身雇用を前提としていた時代の話である。第三章でも話したが、今の時代、すべてを会社任せにしていたら、その会社でしか生きていけない人材になってしまう。そうならないためにも、周囲がどう思おうが、自分で考え、自分で判断することが大事なのだ。

横並びから踏み出せなかったばかりに……

周りのみんなが大企業に行くからという理由で、深く考えずに大企業を就職先に選び、後悔した人がいる。横並びの発想から抜けきれず、一歩踏み出す勇気がなかったばかりに、結局チャンスをつかむことができなかったのだ。

大手飲料メーカーの関連会社に勤務するHさん（46歳）は、今でも25年前のことを、はっきりと覚えている。

都内の大学生だった彼は、アルバイトの家庭教師先の教え子の父親から、「うちに就職しないか」と誘われた。カーステレオ用音楽テープの製造販売会社の社長だった。ちょうどカラオケブームに火がつき始めたころで、繁華街の飲み屋を中心にカラオケテープの需要が飛躍的に伸びていた。その会社では業務の拡大に社内の体制がついていけず、人材不足だった。そこで人柄を見込まれたHさんに声がかかったのだ。

就職活動中だったHさんは、突然の誘いに戸惑った。急成長とはいえ、まだ無名に近い企業。結局、「はあ」とあいまいに答え、大手企業を中心の就職活動を続けた。

実はHさん、その話がある前に、社長から、工場から出荷するテープの荷詰めのバイトを依頼されたことがあった。特に年末などは忘年会シーズンで、猫の手も借りたいほどの忙しさ。気安く引き受けたHさんは、その現場に行って驚いた。受注に生産が追いつかず、現場を仕切るマネジャーの怒号にも近い声が絶えなかった。学生ながらに、成長企業というものは、こんなに活気にあふれているものなのかと肌で感じたという。

なので、この仕事に興味がないわけではなかったが、まさか就職先として検討の対象になるとは思いもしなかったのである。彼の通っていた大学は就職に強く、OBリクルーターによって、早いタイミングで有名企業に内定するのが当たり前の世界。「社長から誘われたんだ」と友人に言っても、「まさか、そんな会社に行くわけないよね」と相手にされなかった。

そうこうしているうちに、大手の飲料メーカーから内定が出た。企業名を言えば、誰でも知っているような有名企業。Hさんは、喜んで入社することに決めた。

後日、家庭教師のアルバイトの際に社長に報告すると、残念そうな表情で「そうか、本気だったんだけどなぁ」と悔しがられた。「すみません」と詫びながらも、やはりその無名の企業に対して、自分が行くような会社という実感はまったく持てなかった。

飲料メーカーに入社後、関西地区での勤務が続いたHさんは、上京するたびに、その社長の家で食事をする間柄になった。家庭教師をやっていた子供が、希望どおりの学校に進学できたこともあって、家族ぐるみの付き合いが始まっていたのだ。そのときも、社長からは、「そろそろ大企業にも飽きただろ?」「社長室長でどうだ?」などと誘われたが、そのたびに、彼は笑ってごまかした。

社長の会社は、その後も爆発的なカラオケブームでさらなる高成長を遂げた。テープがディスクになり、通信に代わったが、そんな変化にも柔軟に対応して、業界でもトップクラスの地位を築いた。

飲料メーカーの経理担当として順調に仕事を続けていたHさんも、ある時期から、誘われた会社の成長ぶりがさすがに気になっていた。かつては無名だったのが、そのころにはテレビコマーシャルなどでも企業名が登場するほどになっていた。ただ、意識する程度にとどまり、行動には至らなかった。飲料メーカーの居心地は決して悪くなかったし、同期の連中で、転職する者など皆無だったのだ。

が、突然、居心地どころか居場所がなくなってしまった。業績悪化で突然のリストラが身に降りかかってきたのだ。ちょうど社員の構成的にも余剰人員の多い世代に当たり、関連会社への転籍人事の対象にされた。それまではなんとか維持してきた年収1000万円も、それ以下に下がってしまい、管理職の肩書きも奪われた。

そんな報告も兼ね、今では会長に納まっている元社長の自宅を久しぶりに訪ねた。事情を話すと、「そりゃ、大変だね」と慰めてくれたが、さすがに今回はもう誘ってはくれなかった。心のどこかに淡い期待のようなものがあったのは事実だが、もはや遅すぎたのだ。

人と違う道にこそ、宝の山がある

Hさんは、結局は横並びの意識から踏み出せなかったのだと、自嘲気味に話してくれた。「あのとき、もし……」という仮定の話は、言っても仕方のないことだが、大手企業に行ったのと、誘われた企業に行ったのとでは、生き方が大きく違っていたのは確かだろう。生涯賃金に何倍もの差が出たかもしれない。もちろん、これもまた正解のある話ではないのだが……。

ほかの人と同じことを同じようにやっていても、そこに自分だけの価値というものはついてこない。ほかの人と違うことをほかの人と違うやり方でやって初めて、その人だけの価値が現れてくるものだ。

普通ならこうするだろうという常識や固定観念を覆してこそ、特別な存在になることが可能になる。誰もやらないことをやろうとするからこそ、そこに新しい市場が生まれる。

多くのベンチャー企業の経営者たちは、おそらくこのような思いで起業し、仕事をしてきたのではないだろうか。そして、大手企業に行かずに、あえてベンチャー企業に就職した人や、有名企業から無名の企業へ転職した人なども同様、こうした精神のおかげで、結果的に宝の山を掘り当てたりするのである。

給料氷河期のキャリア・デザイン　法則6

ほかの人がどうあれ、進路は自分で考え、自分で決めよ

周りがどう思うか、他人がどうしているかなど、横並びを気にして、自分が思っていることや自分のやりたいことを封印するな。最後は、自分で考え、自分で決めることである。誰もやらないこと、誰も行かないところにこそ、宝の山は存在する。自分の選んだ道を信じて進もう。

第七章

お金に潔いか?

小さなお金にこだわる人は、大きなお金を失いがち

「年収1000万円」というタイトルの割には、具体的な年収の額の話があまり出てこないと思われる読者もいるかもしれないが、「はじめに」にも書いたように、この本を読んだからといって、あなたの年収がすぐに1000万円になるわけではない。年収1000万円を稼ぐような人とはどういう人なのか？　そういう観点からキャリア・デザインというものを考えた場合に、これから何を意識して、何をすべきなのかというヒントを、ここで得てほしいと願っているのだ。

なので、目先の1000万円にあまりこだわらないでほしい。自分の思うようなキャリア作りができれば、結果的にお金は後からついてくるものである。

なぜ、こういうことを言うかというと、実際に世の中から高く評価されるキャリアを作っている人は、正当にそのことを評価してもらえるという自信があるからなのか、逆に単年度での年収に関するこだわりをそれほど強く持っていないものなのだ。

というのも、今の日本企業の多くが能力給人事制度を導入したおかげで、その働きぶりや業績次第で、個々人の年収が結構な幅で変動するようになったからだ。業績と能力をどの程度の幅で給与に反映させるかは企業によってさまざまだが、完全に年功だけを給与決定の軸にしている企業はほとんどなくなったと言っていいだろう。

終身雇用、年功序列の時代のように、給与が右肩上がりで上昇し続けるというのはまさに過去の神話であり、現代の多くのサラリーマンは、変動する給与を当たり前のことと受け止めているはずだ。

決して下がることのない、かつての年功序列の給与制度なら、最初に決められる給与額というものは大きな意味を持つかもしれない。しかし、その後の個人の業績しだいで、上がったり下がったりする給与制度では、単年度でそこだけにこだわっても意味がないのだ。

最初の給与が低くても、入社後それなりに頑張れば給与は確実に上がるし、逆に最初の給与を高めに設定してもらっても、働きぶりが期待以下のものだったら、次の給与改定時には下げられても仕方がない。給与は会社に上げてもらうものではなく、自分の力で上げていくものなのだから。

数十万円をゴネたせいで下がった評価

目先の給与にこだわったおかげで、その人自体の評価を下げてしまったというケースを紹介しよう。

Yさん（33歳）は、有名国立大学経済学部を卒業後、大手の都市銀行に入社した、いわゆるエリート中のエリートと言われるような人だった。最初に勤務することになった支店も、社内では幹部候補生が必ず配属されるという都心の大型店舗。まさに出世コースを約束されたような社会人のスタートだった。

その後も、社内で順調にキャリアを重ねていったYさんは、20代後半にやはり幹部候補が選ばれやすい社内留学制度でロンドンに留学。同期組の中でもトップクラスの評価で、順風満帆に階段を上っていった。

しかし、周囲の期待をよそに、留学先でＭＢＡ（経営学修士）を取得すると、その2年後に、あっさりと銀行を辞めてしまったのだ。強い周囲の引き止めもあったらしいが、最後には自分の意志を貫いた。本人にしてみれば、もっと早く辞めたかったのだが、会社のお金で留学した以上、最低限の義理を果たしてからということで、2年は我慢したとのことだった。

転職先は、組織開発やビジネススクールを展開するベンチャー系の経営コンサルティング企業。30歳そこその年齢にして、年収は1000万円を軽く超えた。エリートは転職してもエリートだと、古巣の元同僚たちからも、羨ましがられた。

しかし、計算違いだったのは、転職して早々に、その会社が年度末に発表した業績予測で赤字転落が確実になったことだった。大規模なシステム開発と新規事業への投資が、足を引っ張った格好だった。管理職は全員、賞与額を一律カットされることになった。

Yさんの賞与も、入社時に提示された額より数十万円下がった。入社前の条件交渉時に渡された雇用条件提示書を何度も読み返したが、賞与の減額のルールなどどこにも書かれていない。人事担当に問いただしても、「業績のせいで申し訳ない。今回は特例の措置で」と言うばかり。Yさんは「話が違う」と突っぱねた。

「プロのスポーツ選手が、チームの成績不振を理由に、当初契約した年俸の減額なんて要求されたら、訴訟沙汰になってもおかしくないですよ」と。

すると、次に出てきた人事部長から、条件提示書は契約書ではなく、賞与額は全社業績に応じて毎年決定していると説明された。Yさんへの提示条件は、昨年度の業績から割り出した、あくまで目安だと言われ、さらに同時期に中途採用された管理職の人たちは、みんな状況を理解して受け入れていると聞かされた。腑《ふ》に落ちない顔をしていると、「来期みんなで頑張って、その数十万を取り返しましょう」と励まされた。

Yさんは、丸め込むような部長の言い方に、ますます反発する気持ちが募り、意固地になった。「じゃあ、今期の業績予想をきちんとやってから、年収額の条件提示をするべきでしょう」と。その後も粘り強く交渉した結果、ついには会社も折れて、Yさんは当初の要求額を獲得した。

ところが、それで一件落着とはいかなかった。一連の経緯を人事からの報告として聞いていた社長が、Yさんの自己主張の強さを快く思わなかったのだ。幹部による会議の場などで、社長からのYさんへの風当たりが一気に強くなったのである。

業績が悪くなったからといって、提示していた額を下げるというのは、確かに筋の通った話ではない。正論で言うなら、Yさんに分があるかもしれない。一方で、全社の業績の責任を管理職の人たち全員で引き受け、来期の業績回復に注力するという会社の方針も、現実的な話としては、わからないわけではない。

結局、社長から疎《うと》んじられてしまったYさんは、社内での居心地も悪くなり、入社して1年足らずで、転職活動を行うことになってしまったという。

このYさんのケースなどは、正しい正しくない以前に、目の前の数十万円にこだわったがゆえに、信頼を失ってしまった例だろう。

前職の給与保証にどこまでこだわるべきか

逆に、転職の際などに、前職の年収より低い提示額をすんなり受け入れて、評価を上げるケースもある。

転職を考えている人が、最後の段階でよく悩むのが、「前職の給与(年収)は保証してくれるのか?」ということ。人事担当者は、できる限り前職の年収額を保証する方向で考えているものだが、やむなく低い年収を提示しなくてはならない場合もある。

たとえば、年収が800万円だった人が、転職すると600万円に下がってしまうケースなどは、よほどの場合でないと、決断するまでには至らないことが多い。個人には維持しなければならない生活というものがあり、生活というのは日常の連続線の上にあるからだ。家族のいる人などには切実な問題になる。

しかし、前職の年収800万円の人が年収750万円で条件提示されたらどう考えればいいだろうか? 採用担当者から、「今はこの額しか出せませんが……」と言われた上で、仕事のやりがいや企業の将来性、入社後の個人業績いかんでの昇給の可能性などを熱く語られて、入社を請われたら、あなたならどうするだろうか?

総合商社から広告代理店へ、営業職として転職したAさん(29歳)は、入社のための条件交渉の場で、人事部長から次のように言われたそうである。

「あなたが、前の会社で年収800万円をもらっていたことはわかっています。ただ、今回の採用にあたっては、今の社員たちとのバランスを考えた結果、初年度に提示できる年収額は750万円です。しかし、ポジションとしてはチームリーダーですし、その業績いかんによっては、来年度の年収は成果に応じて上げさせていただきます。わが社としてはぜひ来ていただきたい人物ですし、期待していますので、最初は何とかその額で引き受けてもらえませんか？」と。

最初は、前職の年収額だけは保証してほしいと願っていたAさんだったが、気持ちも新たに入社して頑張ろうと思っている企業から、そんなふうに言われたら、前職保証なんて、どうでもよくなったそうだ。なぜなら、実はAさん、学生時代から広告の仕事がやりたかったのだが、就職活動のときに、商社勤務のOBから強引に誘われて内定をもらい、結局希望の会社を受けることができなかったのである。つまり、今回、数年越しの思いがやっと果たせることになったというわけだ。

それで即座に、「わかりました。初年度はその額で結構です。なんとか私の力で業績を上げて、給与も上がるように努力します。そのときはそれを評価していただいて、今まで以上の給与になるように頑張ります」と答えると、人事部長は思わず握手を求めてきたという。このエピソードは社長の耳まで入ったらしく、入社後、社長と顔を合わせたときに、「期待しているから」と直接声をかけてもらったそうだ。

仕事内容を最優先すれば、給料はいずれ逆転可能だ

数十万円にこだわってゴネてしまい、信頼を失ったYさんと、50万円にこだわらずに潔く受け入れて、大きく期待されたAさん。対照的なふたりのケースを紹介したが、お金に対する潔さというものは、結果的に大きなものを得るときには必要な気がする。

もちろん、数十万円という額が小さいとは思わない。しかし、その後の長い人生を考えた場合、それくらいの額は、頑張り次第でいくらでも取り戻すことができるようにも思うからだ。むしろ、それくらいの意気込みを持って入社しなければ、あえて転職などする必要もないし、しても成功するとは思えない。

給与に対するこだわりは、人間である以上、誰にでもあるものだ。そして、それは年齢が高くなるに従って強くなるものでもある。なぜなら、年齢が上になればなるほど、

抱えるものが増えていくからである。家のローンや子供の教育など、どうしてもある程度のお金が必要になってくる。

しかし、20代のうちは、たとえ結婚していようと、まだまだ自由のきく身である。私は、20代の間は、給与よりも仕事を優先させるべきだと思っている。20代のときでしか学べないことは多いし、20代に試行錯誤をやってこそ初めて、本当にその人がやりたいような天職が見つかると信じるからだ。

そして、経験の差は取り返しがきかないかもしれないが、20代のときについた収入の差など、30代以降でいくらでも逆転可能だし、取り返すことができる。

そもそも、20代の年収で、数百万円もの差が出てくるとは思えない。年収で100万円や200万円の差だったら、絶対に自分のやりたいこと、そのときにやるべきことを優先させたほうがいい。

もうひとつ視点を変えて言うなら、40代で取り返せると思うのなら、30代でも給与を気にせずに、自分にとってプラスになると思う仕事を選択したほうがいいということになる。

お金に潔いとは、そういうことである。大切なのは、目先の小さなお金にこだわって、将来のもっと大きな目的を失わないことなのである。

旧世代と新世代で違う自己投資の考え方

第三章で、キャリア作りは会社任せにするなと言ったが、会社任せにしないということは、自分で考え、自分でやらなくてはならないということである。そして、自分でキャリアを高めようとすれば、そのためにはそれなりにお金がかかるということでもある。

つまり、会社から与えられる、誰にでも共通のお仕着せの能力開発なら、タダで利用できても、自分のためだけのオーダーメイドの能力開発なら、それなりにお金を支払わなければならないということなのだ。これは、自己責任社会においては当たり前のことなのだが、会社に飼い馴らされたサラリーマンは、なかなかこの意識を変えることができない。若い世代と中高年世代では、そのあたりの考え方に大きなギャップがあると思われる。

中高年の旧来型サラリーマンの中には、能力開発的な有料の研修などに参加するように会社からお金を出してもらっても、結果的に自分にプラスになることなのに、いやいや応じる人が多かった。しかし、今の若い働き手は、学びたいと思ったものには、自分のために積極的に自分のお金を使う。自己投資に抵抗がないようだ。

今でこそ、どの企業でもパソコンは電話と同じように、ひとり1台という時代になっているが、パソコンがまだそこまで普及していないころ、オフィスでも1部署ごとに1台なんていう時代があった。つまり、とても〝パーソナル〟なものではなかったのだ。そんな時代に、いち早く身銭を切ってパソコンを買い、会社で使い始めたのは、若い世代の働き手だった。

彼らにとって、当時のパソコンは決して安い買い物ではなかった。おそらくボーナス1回分が消えてしまうような額だっただろう。しかし、パソコンは彼らにとって仕事をする上で必要不可欠の存在だったのだ。そして、自分で買った個人所有のパソコンをまるで文房具と同じような感覚で、会社に持ってきていたのだ。しかも、そのころはノートパソコンなどまだなくて、デスクトップ型の比較的大きなタイプだった。個人所有のパソコンは私物であり、私物使用を社内でどこまで認めるかなどという議論が大真面目にあったのも事実である。今から考えると、なんとも奇妙な話に聞こえるが……。現在でも、パソコンソフトや、関連機器などで、自分には必要なものだが、会社が認めてくれないので、自分で買ってしまったという経験をしたことのある人は多いはずだ。

やはり、パソコン初期の時代、ある新聞社でデジタル化推進に伴い、全社システムを導入して記事のデジタル入力化を決めたときのことだ。1年後に、全社員にパソコンを配布すると社内に伝えたら、世代で反応がまったく違ったという。40～50代の社員たちは「個人的にパソコンを買おうと思っていたけど、会社が買ってくれるのなら、それまで待とう」と思い、反対に20～30代の若い社員は「1年も待てないので、自分で買ってしまおう」と、まったく逆の発想をしたというのだ。笑い話だが、このあたりにも能力開発に対する自己投資という考え方に、ある世代を境に大きなギャップがあることがわかる。

身銭を切って自己投資しなければ、能力なんて身につかない

語学学校や何かの技術を身につける専門学校なども、決して授業料が安いわけではないが、個人でお金を出して通っている人は多い。キャリア作りが上手な人は、やりたい仕事や任された仕事に必要なスキルが明確になったら、短期間で集中的にその習得を一気に行う傾向がある。なんとなく漫然と勉強するより、目的が明確であったほうが、身につきやすいのである。

日常業務で海外とのやりとりが多い部署に異動になった社員が、英会話の必要に迫られて語学学校に通うというケースや、インターネット系IT企業へ転職したいがために、ウェブデザインの専門学校でその技術を学ぶというケースなどだ。ウェブデザインの技術が身につけば、事務職だった人でも、ウェブ制作のディレクターやデザイナーとして、プロフェッショナルな職種へとキャリアチェンジできる可能性が出てくるからだ。

現在、ある大手企業で契約社員としてウェブマスターを務めるKさん（31歳）も、専門技術を身につけるために自己投資をして、やりたい仕事を手に入れたひとりだ。

彼女は、新卒時の就職活動では、自分の将来のキャリアに特別明確な目標があったわけではなかった。社会学部でメディア論を専攻しており、漠然とクリエイティブな仕事に携わりたいという思いがあったくらいなものだった。

その程度の気持ちだったからか、受験した出版社などのマスコミはことごとく玉砕した。その後、マスコミ以外の企業に方向転換して就職活動を続けたが、自分に専門的な技術があるわけでもなかったので、職種も一般事務か営業を考えるしかなかった。自己分析から、「人に興味がある」ということで、人材系の企業に焦点を絞った。結果的に、デジタル系のクリエイター専門の人材派遣会社に内定した。

入社後に配属されたのは営業部。ウェブ関係の仕事のニーズを企業からヒアリングして、その仕事にマッチしたスタッフを派遣させるという営業だ。最初は、どの仕事にどの人が合うのかわからず手探り状態だったが、仕事で多くの企業に実際に出向くことで、企業にはどんな仕事があり、そこではどんなタイプの人材を必要としているのかが徐々にわかるようになっていった。1年もすると、人事担当者や、現場で人材を探している担当者から話を聞いただけで、それに合ったクリエイター像がすぐに頭に浮かぶようになってきた。

そして4年目、今度は人材コーディネーター職に異動になった。登録しているクリエイターと面談して、そのスタッフは何ができる人か。どんな環境だと力を発揮できるか。どんな条件を希望しているかなどを聞いて、彼らにふさわしい業務を、営業が企業から取ってきたオーダーの中から探し、人を充て込んでいく仕事だ。

最初に経験した営業職では「企業の立場」で、その次の人材コーディネーター職では「クリエイター個人の立場」で、両者のよりよいマッチングを考えることが求められた。

両方の仕事を経験したKさんは、この二つの業務を通じて、企業から求められるクリエイター像というものが明確にわかるようになってきた。彼女は、現場で必要な技術を各論で理解できていた。まず、情報を収集し整理する力がある。企画力もある。コミュニケーション能力も高い。デザインセンスもある。遊び心もある。さらに、マーケティングがわかり商売に結びつけることもできる。そんな人がいればどこの企業でも使ってもらえるという考えに至ったのだ。

「そうか、自分自身が、そういうビジネス的な側面の能力も生かせるクリエイターになればいいんだ」。社会人7年目の春を迎えようとしたときに、Kさんはそんな考えに行き着いた。

1年間、失業を覚悟した学校通いで年収が倍に

早速、会社を退職した彼女は、ウェブデザインの学校に通い始めた。短期間で、ある程度の技術レベルまで体得するために、一日をフルに学ぶ時間に充てた。収入がなくなった状態で、授業料にもそれなりの金額を払ったため、生活費は貯金を食いつぶした。

それでも頑張って勉強を続けて、1年後、Kさんは自分が働いていた人材派遣会社に、クリエイターとして登録したのである。企業においては、どんな技術が求められ、どんな人が求められているのかが誰よりわかっている彼女は、最初はウェブデザイナーとして派遣されていたが、次第に総合的なスキルが買われ、やがてウェブプロデューサーとしての地位を確立し、どこの企業からも引っ張りだこになっていった。

キャリアを積むに従って、自ら仕事を選んでいけるような立場にもなってきた。そうして2年ほど経ったときに、ついにある企業から、派遣ではなくて契約社員として、ウェブマスターのオファーが来たのである。

クリエイターとしての3年間に、年収はポンポンポンと上がっていき、今では、年収も1000万円を軽く超えてしまった。派遣会社のときの約2倍近い収入である。こうなったのも、1年間という時間とそれなりのお金を、自分のために投資したおかげなのである。

何かを得るためには、何かを犠牲にしなくてはならない。Kさんの場合は、1年間の収入と、正社員という立場を犠牲にして、次のステージを手に入れたのである。ハイリスク・ハイリターンとまではいかなくても、それなりのリスクを個人で負わなければ、望むものは手にできないのだ。

給料氷河期のキャリア・デザイン 法則7

自分の能力開発のためには、お金と時間は惜しむな

能力開発は、自分のために行うもの。それで自分のキャリアにプラスになるのなら、お金と時間を惜しんではいけない。自分への投資は、キャリア作りに役立ち、最終的に、その支出分の回収が可能である。目先のお金をケチると、結果的には大きなリターンを失うことになる。

第八章　変化を味方につけられるか？

〝熱〟のない人間は成功者にはなれない

変化の話をする前に、その前提となる〝熱〟の話をさせてほしい。第五章の〝夢〟の話と同様に、〝熱〟は、前向きに人生を生きようとしている人にとって、必要不可欠なものだからだ。

私の好きな言葉に、

「すべての新しいもの、
すべての美しいもの、
すべての素晴らしいものは、
ひとつの熱狂から始まる」

というものがある。

文字どおり、何事も最初は小さな思いから始まるという意味なのだが、その最初の思いを大きくしていくのが、ひとりの人間の熱狂。つまり、熱く狂おしいほどの思いなのである。

見方を変えて言えば、どんなものにも、最初の第一歩があり、その第一歩を踏み出した人がいる。その人は、それまで誰もやらなかったことを、一番最初にした人である。人がやらなかったことを、一生懸命やっている人は、それをやっていない人たちからは、奇異の目で見られがちである。それでも、そういう人は、周囲からの見られ方に関係なく、信念を持って、何かを成し遂げようとするのだ。

そういう人たちに共通しているのが、〝熱〟なのだ。ほかの言葉で言えば、熱狂であり、情熱であり、エネルギーということになる。

〝熱〟のある人というのは、自分が夢中になれる分野を見つけて、わき目も振らずに、そこに自分のすべてを集中できるような人のことを言う。発明家や科学者や芸術家、起業家や創業者には、そういうタイプの人が多い。最初は理解されにくくても、結果的には大きな称賛をもって迎えられる人たちである。

これから何かを成し遂げようとしている人は、必ずそんな〝熱〟を持っている。〝熱〟がなければ、人の心を動かすことはできない。ましてや、世の中を動かすことなどできない。〝熱〟のない人は、やはり、〝そこそこ〟の人なのである。〝そこそこ〟の生き方でよければ、それで構わない。しかし、この本を読んでいる人は、何かをしようと思っている人たちのはずである。

〝熱〟の話をすると、「そんな生き方は格好悪い」と言う人が必ずいる。そう言う人は、クールな生き方にあこがれるような人だと思う。しかし、クールに見えていることと、もともと〝熱〟がないことは全然違う。断言してもいいが、何事にも醒めていて、〝熱〟のない人は、結局は何も成し遂げられない人だ。

この本の中で、何かを成し遂げたり、何かを手に入れたりした人を何人も紹介してきたが、彼らは、みんな必ず〝熱〟を持っている。

中田英寿のクールさの裏側には努力という〝熱〟がある

私は、クールなイメージが強い人というと、中田英寿さんを思い出す。彼が、試合後にイタリア語でインタビューに応対したり、英語で記者会見したり、世界のトッププレーヤーと対等に会話しているのを見れば、誰もが「格好いい！」と思うだろう。それも、中田らしい落ち着いたクールさが漂っていて、陰で努力している姿など周囲には微塵《みじん》も感じさせない。

しかし、語学力について言えば、努力せずに外国の言葉がしゃべれるようになることなどあり得ない。彼は彼なりの方法で、サッカーの練習とは別に、語学の学習を積み重ねてきたはずなのである。セリエAのペルージャに入団したときに、いきなり、「お腹《なか》が減ったから、そろそろ会見は終わりにしましょう」とイタリア語でジョークを言ったが、あれは当然ながら、そのもっと前から勉強をしていたということである。イングランドのプレミアリーグに電撃移籍したときは、今度はイタリア語ではなく、英語でしっかりインタビューに答えていた。ということは、やはりこのときも、そのはるか前からその日のために準備を怠らなかったということである。つまり、サッカーだけでなく、語学だけのためにも、彼は相当な時間と労力をかけているはずなのである。

「中田には、努力って言葉が似合わないね。クールでカッコイイよなあ」などと、羨ましがっている人は、そのクールさの裏側で、彼がどれだけ真剣に、どれだけの〝熱〟を持って、物事に向き合っているかを想像するべきだろう。表面だけを見て、「醒めた感じがいい」なんて思うのは大間違いだ。確かに「僕は何もしてませんよ」っていう涼しい顔でメディアに登場しているが、断言してもいい、中田は人一倍の努力家なはずである。

まず、当事者になれ

〝熱〟を持つことの重要性を理解してもらえただろうか。「自分には〝熱〟があるのかな？」と、不安に思っている人に、ここでちょっとだけヒントを与えよう。そもそもどうすれば〝熱〟を持つことができるのかという話だ。

まず、第一に、「当事者になる」ということだ。もし、あなたが、自らを第三者的な立場に置いて、評論家的な責任のない発言をしているとしたら、それをすぐに止めることだ。評論家的になった時点で、当事者ではなくなっている。常に当事者の立場にいることができれば、おのずと〝熱〟は出てくるものだ。

第二に、「何事も前向きに考える」こと。「どうせ自分は……」とか、「しょせん世の中というものは……」というような、後ろ向きな言葉を使いがちで、そのように考えているようでは、どんどん醒めていくばかり。チャンスを自分に引き寄せることのできる人は、圧倒的に、悲観論者よりも楽天家なのである。

そして、第三に、「〝熱〟のある場所に自らを持っていく」ことである。それは、急成長している会社かもしれないし、何かの目標に向かって勉強している人たちが集まる学校のようなところかもしれない。〝熱〟は伝導するものだから、〝熱〟のある場所に行くようにすれば、そこから〝熱〟をもらってくることができるものなのだ。

〝夢〟と同様に、〝熱〟はすべての前提だ。

〝熱〟のない人に、いくらキャリアの話をしたところで、そこからは何も起こらない。この章では「変化」の必要性を語っていこうと思っているのだが、なぜその前に〝熱〟の話をしたかというと、人が自分自身を変えようとしたり、環境を変えようとすると、そこには大きなエネルギーが必要になるからである。〝熱〟によるエネルギーがなければ、その変化を乗り越えることが困難になってくるからだ。

キャリア作りが上手な人は、必ず変化を味方にしている

私はこれまで、携わった仕事の関係で、非常に数多くのビジネスマンと出会ってきた。そして、彼らのキャリアそのものについて、直接話をする機会も多かった。

ひとつは、面接の場である。リクルートでの人事時代には、1年間に何百人もの中途採用の応募者の方と面接を行ってきたし、その後転職して入社した映画配給会社や雑誌出版社でも、何かと面接の現場に駆り出されてきた。そして、もうひとつの出会いの機会は、転職情報誌の編集長時代や新聞のコラムを書くために、取材やインタビューをしてきたことである。

面接でも取材でも、その人の築いてきたキャリアに沿って、彼らがどういう人で、何を考え、何をしようとしているのかなどを深くヒアリングしてきた。そして、いろんなケースがあることを知ることができた。

そんな数多くの人たちと会って気づいたのは、キャリアをきちんと自分で切り開いて成功している人たちには、共通するものがあるということだ。

一体何が共通しているのだろうか。私が感じたのは、「変化に柔軟に対応し、その変

化を自分の味方につけられる力があるかどうか」ということである。それが具体的にどんな人かというと、「変化を恐れない人」「変化に挑戦する人」「変化をキャッチできる人」、そして、「自分自身が変わり、環境を変えられる人」と言えると思う。変わることも変えることも、大きなエネルギー(=熱)を必要とする。しかし、変わらなければ、次なるエネルギー(=熱)を放出することもできないのだ。

「上司が変わった」「プロジェクトの方針が変わった」「予算組みが変わった」「取引先の担当者が変わった」……そんな小さなきっかけからチャンスを作っていけばいい。

やはり、変化を味方につけることのできた人が、結果的に上手にキャリアを作り、それなりのものを手にしてきている。そして、逆に、変化に抵抗してきた人、変化に対して一歩足を踏み出せなかった人、変化に気づかなかった人たちは、新しい自分や新しい世界を発見できないまま、取り残されている気がする。

性格を言い訳にするな。行動はすぐにでも変えられる

変わることに消極的な人、臆病な人、億劫な人は、とかく変わることのできない理由

を、「自分は○○という性格だから」と、性格のせいにしがちである。たとえば、「引っ込み思案の性格だから、発言ができなかった」「人見知りしやすい性格だから、営業の仕事に変わるなんて無理」などである。

確かに、人の性格というのは、基本的には変わるものではないと思っている。変わらないのだから、性格を無理やりに改造しようとすることは無謀なことかもしれない。だが、自分で自分の性格を客観的に認識して、その性格から起こりやすい行動パターンを知ることはとても重要なのである。なぜなら、「性格」は変わらなくても、「行動」は、意識さえすれば、すぐにでも変えることができるからだ。

私自身は、非常にシャイな性格で、どちらかというと人と積極的にかかわるのが苦手なタイプである。しかし、その性格を自分で知っているから、パーティや交流会などでは、逆に意識的に多くの人と話すように行動している。だからといって、シャイな性格を嫌がっているかというと、そんなことはまったくない。それが自分だと思っているから、むしろ大切にしたい個性だと思っている。つまり、自分の性格を肯定した上で、望ましかったり、求められたりする行動を意識的に行えばいいのだ。

引っ込み思案の人は、発言したいけど一歩前に出るのは恥ずかしいなどと迷いがちである。だからこそ、そういうときには意識して手を挙げたり、一歩前に出たりすればよい。また、せっかちな人は、何かやろうとするときに、必ずワンテンポ置いて行動するように心がければよいし、一方的にしゃべりがちな人は、誰と話すときもまずは相手の話から聞くということを決めておけばよい。

繰り返すが、くれぐれも性格を改造しようなどと思わないことだ。変える必要がないと思えば、ずいぶん楽な気持ちになれる。その代わり、行動は意識しよう。今すぐにでも変えようと思えば、変えられるのだから。

自ら機会を作り出し、機会によって自らを変えよ

最後になるが、みなさんにひとつ言葉をお贈りしよう。私が、社会人になったときに、まず最初に叩き込まれた言葉である。

「自ら機会を作り出し、機会によって自らを変えよ」

というものだ。

この言葉の中には、いろいろな意味が込められている気がして、自分の中では事あるごとに思い浮かべるようにしている。

キャリア・デザインは人任せにせずに、自分でやりなさいと言われているようでもあり、自分に対する投資をしっかりしなさいと言われているようでもある。また、何事にも好奇心を持ちなさい。興味関心の幅を広く持ちなさい。狭い世界に閉じこもらず、何かをきっかけに世界を広げていきなさいと言われているようでもある。

この本で書いてあるキャリア・デザインの原点は、もしかしたらここにあるのではないかと思わせるくらい説得力のある言葉だと思っている。

変わることに、そして、変えることに勇気を持ってほしいと心から願っている。

給料氷河期のキャリア・デザイン 法則8

現状に満足することなく、常に変化する勇気を持て

成長というのは、変化の連続線の上にあると言ってもいい。個人の成長がなければ、仕事は大きくならないし、得るものも同様に大きくはならない。成長を志向するのなら、変わる勇気を持つことである。また、変える勇気も持つことである。自分を変え、環境を変えることで、未来は必ず開けてくるものだ。

おわりに

「経験のない認識は空虚であり、認識のない経験は盲目である」という哲学者カントの言葉があるが、キャリア・デザインという認識がなければ、どんな経験もその人にとって価値のあるものにはならない。

そういう意味で、この本は、いかに多くの人たちにキャリア・デザインというものを意識してもらえるかという観点から、書かれたものだ。

「あなたが年収1000万円稼げない理由。」という、見方によれば、やや荒っぽいタイトルになっているが、それくらいのものを稼ごうと考えるのなら、自分のキャリアというものをもっと真剣に考えなければダメですよという意味も込められている。

私はこれまでに、とても多くの人たちのキャリアについて、見聞きしてきた。また、自分自身、キャリアというものを意識して、会社を変えたり、仕事を変えたりしてきた。そんな経験を含めて、言いたいことはいたってシンプルなのだ。

「自分のことは、人任せにせずに、自分で考えよう」

このひとことに尽きる。もう少し補足するなら、

「自分のキャリアは、自分で考え、自分で描き、自分で決めていこう。漫然と人任せに生きていると、それは、自分の人生を生きていることにはならない。主体的に人生を生きるためにも、キャリア・デザインというものを意識して、働こう」

誰でも頭では理解できることとだろう。だが、実際には、そうしていない人が非常に多い。どんなに優秀なポテンシャルを持っている人でも、自分のキャリアというものを意識するかしないかで、人生はまったく違ったものになる。結果的には天と地ほどの差ができてくる。今の時代を働く人たちは、もっと危機感を持って、向かい合うべきだと思

う。

繰り返すが、自分のキャリアというものを少しでも考えてほしい。

そして、本書が、そのための入り口のような役割になってくれれば、これ以上うれしいことはない。

2007年1月

田中　和彦

著者略歴

田中和彦《たなかかずひこ》

一九五八年大分県生まれ。

一橋大学卒業後、㈱リクルートに入社。

転職情報誌「週刊ビーイング」

「就職ジャーナル」など四誌の編集長を歴任。

キネマ旬報社代表取締役を経て、現在は、

〝今までに二万人以上の面接を行ってきた転職コラムニスト〟

兼映画プロデューサーとして活躍。

著書に『就職のクスリ』(BNN新社)、『複職時代』(PHP研究所)、

『面接は心理戦で勝つ!』(幻冬舎文庫)などがある。

幻冬舎新書０２０

あなたが年収1000万円稼げない理由。

給料氷河期を勝ち残るキャリア・デザイン

二〇〇七年一月三十日　第一刷発行
二〇〇七年二月　五　日　第二刷発行

著者　田中和彦
発行者　見城　徹
発行所　株式会社　幻冬舎
〒一五一-〇〇五一　東京都渋谷区千駄ヶ谷四-九-七
電話　〇三-五四一一-六二一一（編集）
〇三-五四一一-六二二二（営業）
振替　〇〇一二〇-八-七六七六四三
ブックデザイン　鈴木成一デザイン室
印刷・製本所　中央精版印刷株式会社

検印廃止

Printed in Japan　ISBN978-4-344-98019-8　C0295
た-3-1
幻冬舎ホームページアドレス http://www.gentosha.co.jp/
＊この本に関するご意見・ご感想をメールでお寄せいただく場合は、comment@gentosha.co.jpまで。